JN197502

一日一戒

清々しい人になる90の教え

自由国民社

曹洞宗徳雄山建功寺住職
枡野俊明

良寛さん

はじめに

自分が人にどんな印象を与えるか。そのうえでいちばん大切な要素は「話し方」だとわたしは考えています。もちろん、〝見た目〟も要素のひとつですが、見た目では人間性や品性、品格まではわかりません。

しかし、話し方にははっきりそれがあらわれます。どれほど見た目が美しくても、話し方が粗雑であったり、下卑たものであったら、その人に好印象をもつことはないでしょう。人としての清々しさやさしさ、高い品性、品格が感じられないからです。

「ああ、きれいな話し方をするなぁ」「話し方に思いやりがあふれている」……。

そんな感じをもったとき、誰もがその人に好印象を抱くのです。

話し方のコツはどこにあるのだろう？　わたしは心のどこかでそのことをずっと思い続けてきたような気がします。

答えはとても身近なところにありました。良寛さんです。日本人にもっとも馴染みが深く、また、愛されてきた禅僧。その良寛さんは90の「戒語」を残しています。

越後の山中にみずから「五合庵」と称した粗末な庵を結び、近隣の村人と、それこそ、老若男女の別なく、心で接した日々の暮らしのなかで、話し方について、ふと気づいたことを「戒」、戒めとして紙に書き、自戒の意味も込めて、庵の鴨居などに貼っていたのです。

「う～ん、こんな物いいは、ちと傍迷惑じゃな」「こんなことはいわんほうがいいわい」「話でも〝背伸び〟をしてしまうことがあるもんじゃ。いかん、いかん」……。

そんなふうに独りごちながら、紙の一枚、一枚に戒語を綴っている良寛さんの姿が目に浮かびます。

90の戒語をじっくり読み返してみて、驚きだったのはひとつとして古びているものがないことでした。遠くときを隔てた現代にも、みごとに通用するものばかりなのです。

むしろ、言葉が軽く扱われ、話し方が野放図になっている「いま」に向けて、泉下の良寛さんが警鐘を鳴らしているとしか思えないほど、その一つひとつがみずみずしい時代性をもっています。

戒語はどれも短いものですが、すべて日常生活に活かすことができます。本書では、日常のどんな場面、局面で、どのように活かしたらいいのか、わたしなりに考えました。

活かすことで話し方が確実に変わります。あなたと向き合う人があなたに対して抱く印象がまったく違ったものになります。ただし、急がないでください。「一日一戒」。朝、どこかのページを開いて、そこにある「戒」をその日実践していく。本書はそんなふうに使っていただきたい、と思っています。

清々しさ。それが良寛さんをもっともよく象徴する言葉です。一戒の実践は、ひとつ清々しさを手に入れることです。一歩良寛さんの清々しさに近づくことです。

さあ、良寛さんのまなざしを感じながら、歩みを進めてまいりましょう。

合　掌

令和元年六月吉日　　徳雄山建功寺方丈にて　　枡野俊明

目次

人はみんな自分の話がしたい

目次

第2章　良寛さんの自戒14話　51

相手の話を聞いていますか

第3章 良寛さんの自戒20話 81

その一言がルール違反

第4章　良寛さんの自戒20話　123

老若男女、知らず知らずにクセが出るもの

第5章 良寛さんの自戒20話 165

「伝え方」ひとつでいい結果に変わる

第1章
人はみんな自分の話がしたい
良寛さんの自戒16話

良寛さんの戒語 1

言葉の多き

しゃべりすぎては いけません

現代社会を特徴づけているのが「言葉の軽さ」ではないかと思います。そのこととコインの裏表になっているのが、言葉の多さ、しゃべりすぎです。軽い言葉が縦横無尽に、有り体にいってしまえば、野放図に交わされている。

良寛さんには嘆かわしい時代風景でしょう。この戒めはいかにも禅僧らしいものといえます。禅には「不立文字」という言葉があります。ほんとうに大切な真理や教えは言葉や文字では伝えることはできない、というのがその意味。語る者は沈黙に思いを込め、聞く者は沈黙に思いを汲みとる。それが究極の禅の世界のコミュニケーションといっていいかもしれません。

もちろん、それは至高の域ですが、日常の会話でもしゃべりすぎると、かえっていいたいことが伝わらない面があるのではないでしょうか。しゃべりすぎるのは、思いついた言葉をそのまま口にするからです。言葉が吟味されていないぶん、多くなるのです。

その典型がいまやコミュニケーションの主流になっているＳＮＳ（Twitter、Line、Facebook…etc.）です。その〝しゃべりすぎ〟のレベルは度を超えています。その瞬間に浮かんだ言葉を並べてすぐさま発信してしまう。その結果、見るに堪えない罵詈雑言が連ねられたり、炎上したりすることにもなるわけでしょう。

言葉を発する前には、それがそのときの思いや気持ち、意見や意志を的確に伝えるものであるかどうかをたしかめる、という作業が必要です。それだけで、しゃべりすぎは防げますし、会話がすっきりして心地よいものになります。

良寛さんの戒語 2

物いいのきわどき

問題ありの内容の話はやめましょう

パワハラ、セクハラ問題がしばしばメディアで取り沙汰されます。その原因の多くは、話がきわどい領域に入ってしまうことにあるのではないでしょうか。既婚、未婚の別や恋人の有無、人格を貶めるような物いいは、日頃から厳に慎むよう細心の注意を払っていくのが、この時代のビジネスパーソンには必須の素養だといえそうです。

また、意外なところにもきわどい領域があります。たとえば、政治向きの話。仕事関係者とお酒を酌み交わした際などに、現政権批判を苛烈に語るということがあるかもしれません。

「いまの内閣の体たらくはどうですか！　レベルの低さったらありませんよ。まともに答弁できる閣僚が一人もいやしない！」

まあ、ときには格好の酒肴にもなる話題ですが、相手が政権党の党員であったり、ふだんから応援に力を入れている人であったら、話題は急転して、きわめてきわどい領域のものとなります。

露骨にけんか腰にはならないにしても、関係に溝ができることは火を見るよりも明らかです。政治向きの話はきわどい領域にあるのだということは、心しておきましょう。

宗教の話も同様です。熱心な信徒の他教に対するまなざしは想像するよりはるかに厳しいのです。案外、気づかないのがスポーツの贔屓話でしょう。大のＧ党（読売ファン）にとって、トラキチ（阪神ファン）は仇敵。おたがい、贔屓話は、きわどい話題ファイルに入れておきましょう。

口の早き

早口でしゃべらないでいましょう

わたしは大学で教鞭をとっていますが、学生たちを見ていていつも感じるのは、早口でよくおしゃべりするなぁ、ということです。会話はよくキャッチボールにたとえられます。相手のいっていることをしっかり受けとって、こちらも言葉を投げ返す。それが会話の基本でしょう。

ところが、いまの若い世代は自分のいいたいことを一方的にまくし立てるのです。それが終わると、今度は相手が同じように一方通行のまくしたてを始める。さながらおたがいが相手の胸（心）にではなく、あらぬ方向にボールを放っている図です。

早口になるのは、相手に言葉を差し挟ませないためでしょう。しかし、そんな話し方のスタイルをつづけていると、聞く力はどんどん衰えていきます。これは危うい。なぜなら、会話では聞く力こそ重要だからです。

たとえば、営業の分野の仕事を考えてみてください。自分が売りたい商品のメリットばかりを早口で、立て板に水の如くにしゃべる人が、顧客の信頼を得られるでしょうか。

顧客の話によく耳を傾け、その求めるところ（ニーズやウォンツ）を十分に汲みとって、たとえ、口数が少なく、訥弁でも、誠実に対応していく人のほうが、はるかに信頼されるのではないですか。一事が万事でしょう。

キャッチボールは、「キャッチする」ことが主眼。つまり、ボール（言葉）の受けとり合いであって、投げ合い（スローボール）ではないのです。さあ、早口を封じ、聞く力を磨きましょう。

話の長き

ダラダラといつまでもつづく話は、相手をうんざりさせるだけです

長話に辟易(へきえき)した。誰にでもそんな経験があるのではないでしょうか。代表的なのが結婚式や記念式典、パーティなどのスピーチです。

晴れがましい笑顔で雛壇に並ぶ新郎新婦を讃えるのはいっこうにかまいませんが、その経歴から人柄、二人のなれそめからデートの過程、プロポーズをした場所やその文句……などなど、微に入り細を穿(うが)って延々と言葉を継がれたのでは、場内の空気はシラけるばかり、感動だって薄れてしまいます。残念な話し方の最たるものがこれでしょう。

〝ツボを押さえて、端的に〟が話し方の理想です。仕事のミーティングや交渉事でも、長話は禁物です。たっぷり時間をかけて話し終えたら、相手から、

「ところで、おっしゃりたいことは何ですか？」

といわれるのがオチです。ツボも不明瞭で、端的でもないからです。

「お話ししたいことは三点あります。ひとつは〜、二つ目は〜、三点目は〜」

こうであってはじめて、いいたいことがはっきり相手に届くのです。話が長きに陥らないコツは準備にあります。いつでも、いいたいこと、いうべきことを整理し、推敲して臨む。そのことに尽きます。

『レ・ミゼラブル』を書いた文豪ビクトル・ユーゴーにこんなエピソードがあります。ユーゴーと出版社との手紙のやりとりです。ユーゴーが書き送ったのは「？」、出版社からの返事が「！」。「売れ行きはどうだい（？）」「すこぶる好調です（！）」というわけですが、「おみごと」としかいいようがありません。

話し方もかくありたいものです。

5 問わず語り

聞かれてもいないことを
自分から話すのは無粋です

誰かと話していて楽しいのはどんなときでしょう。自分が興味をもっていることについて話してくれたり、おもしろいと思える話題を提供してくれたりしたときは、それにあたると思います。

逆にいえば、興味がまったくない話やちっともおもしろいと思えない話をされても、楽しくはありませんし、その場の居心地も悪くなるということでしょう。いわゆる興ざめ、いまふうにいえば〝どん引き〟の状況です。

やっかいなのは、人には自分が興味のある分野やおもしろがっていることを他人に語りたいという衝動が、少なからずあることです。そこで、悪気はないのについつい、どん引き状況をつくり出してしまうことにもなる。

話題を切り出したら、ワンクッション置いて、相手を観察してはいかがでしょう。興味のあるなし、聞きたい話かそうでないかは、必ず、表情や言葉にあらわれます。

「最近ワインに凝っていてさ。ワインってじつに奥が深いんだ」

そんな話題を振って、しばしウォッチング。

「ワインは好きでよく飲むよ。詳しくはないんだけれど、産地はどこがおすすめ？やっぱり、ブルゴーニュとか……」

相手がこんな対応なら、ワイン談義はその場を盛りあげること必至です。しかし、「……ふ〜ん、ワインねぇ……」といったものだったら、その話題は打ち切りにして、話をほかに転じましょう。問わず語りは自分よがりで、相手を置き去りにします。「ワンクッション＆ウォッチ」を忘れないでください。

講釈の長き

ものごとの意味や価値、また、ことの進め方を長々と話すのは迷惑です

講釈という言葉を聞いて、すぐにその意味が理解できる人は少ないかもしれません。現代流にいいなおせば「理屈」「能書き」ということです。これが得意な人がいます。たとえば、仕事の場面で、

「営業マンはな、とにかく足だ。何度そこに足を運んだかで、お得意さんになってくれるかどうかが決まるんだ。顔出し一〇〇回。それでようやくこちらの話を聞いてくれるようになる。そのくらいの気持ちでなきゃ顧客の開拓なんかできやしないぞ。い

いか、そもそも営業というのはだな……」

まあ、その〝理屈〟に正当性がないとはいいませんが、当の本人がデスクにふんぞり返っていて、いっこうに足を運ぶ様子もないというのでは、理屈の前に「屁」の一文字がつきます。聞かされるほうはたまったものではないですね。

理屈も能書きも、その人の行動に裏打ちされたものでなければ、説得力はありません。それこそ、〝顔出し一〇〇回〟をみずから実践して、何人もの顧客を新規開拓してきた人であれば、理屈や能書きなど語らなくても、その姿から周囲は営業の何たるかを学ぶものです。

背中で語る、背中で人を育てる、というのはそういうことでしょう。概して行動がともなわない人ほど、講釈を垂れたがるという傾向があるのではないかと思います。

「また、あの人の講釈が始まっちゃったよ。あ〜あ、長くなるぞぉ……」

周囲からそんな声が聞こえませんか。弁舌を鍛えるより、まず、やるべきことは背中を磨いていくことです。

差し出口

傍から出しゃばって口を出すのは余計なお節介です

悩みの渦中にいたり、困った局面に立たされていたり、というとき、周囲のアドバイスで悩みが解消したり、難局から脱することができたりすることがよくあります。しかし、一方ではアドバイスがいらぬ口出し、余計なお節介にしか受けとれないこともあります。両者の差はどこにあるのでしょう。わたしはいい方、話し方だと思っています。

たとえば、思いを寄せる相手に気持ちを伝えられなくて悩んでいるケースで、こんないい方をされたらどうでしょう。

「なにをウジウジしているんだ。さっさと気持ちを伝えるしかないよ。まったく、意気地がないんだから、こっちが歯がゆくなっちゃうよ」

いっている側は精いっぱい叱咤激励しているつもりでも、いわれた側はそう受けとれるでしょうか。悩んでいるのは、さっさと気持ちを伝えられないからですし、なかなか意気地が出せないからなのです。

そこを頭ごなしにつかれたら、イラッときますし、いらぬ口出しに聞こえたとしても無理はありません。では、こんないい方ならどうでしょうか。

「気持ちを伝えないことには､何も始まらないのじゃないかな。ここは勇気を出して､ぶつかってみたらどうだろう。案ずるより産むが易し、だよ」

こちらは親切なアドバイスと受けとれるはずです。押しつけがましい指図、指示のニュアンスを感じさせないからです。ここがツボでしょう。押しつけがましさと出しゃばりは、ほとんど同義です。

8 ついでなき話

脈絡や順序立て、流れがない話は何がいいたいのかわかりません

「ついでなき」は「序でなき」と書き、順序立てや流れがないということです。自分の話を相手に理解してもらうためには、順序立てて話す必要がありますし、一定の流れに沿っていることが大切です。

仕事で、翌日に予定されている取引先との交渉について、上司と打ち合わせをしている場面を想像してください。そこで、上司から

「A社の担当は○○部長だから、その場で決裁してもらえるように話を進めてほしい。

ついでにいっておくと、○○部長は礼儀に厳しい人だから、その点、くれぐれも注意して臨んでくれよ」

といった指示があれば、よく理解できるはずです。〝ついで〟の話は流れに沿ったものだからです。しかし、別の取引先の話をしているときに、「A社の○○部長は礼儀に厳しい」という話を持ち出されても、「?・?・?」でしょう。

そこでの話には関係のない○○部長の名前が出てくるのは唐突ですし、流れからしても出てくる必然性がないからです。「ここで、なぜ、○○部長の話をするのか、さっぱりわからない。何がいいたいの?」というのが正直なところでしょう。これがついでなき話です。

プライベートな場面でも、友人たちとグルメ話に花が咲いているときに、いくらそのプレーぶりが気になっていても、突然、「最近、メッシ（FCバルセロナ所属のプロサッカー選手）の調子はイマイチだね」なんて話をすれば、周囲はやはり、「?・?・?」。その場で自分だけが浮いてしまうことになります。

流れを無視した行き当たりばったりの話は慎みましょう。

9 手柄話

自分の成したことを吹聴するのは鼻につきます

仕事で高い評価を得た。それは誰にとってもうれしいことですし、周囲にも知って欲しいことでもあるでしょう。賞賛の声が聞こえてくれば、励みにもなるでしょうし、さらに自分を高いレベルに押し上げる原動力にもなります。

しかし、みずから成果を語り、周囲に知らしめようとするのはいかがなものでしょうか。禅にも深く通じていた茶聖・千利休にこんな言葉があります。

「叶うはよし。叶いたがるは悪しし」

自分の努力、精進によってことが叶うのはよいが、叶うことばかりを求めるのは悪いことである、という意味です。これに倣えば、こんないい方ができるかもしれません。

「知られるはよし、知られたがるは悪しし」

成果も実績も、みずからは黙してこそ、秘めてこそ、輝くのです。ことあるごとに、「自分は社長賞を三回ももらった」などと吹聴していたら、その実績は色褪せていくばかりです。

ただし、語っていいシチュエーションもあります。転職の際の面接などがそれです。ここは、それまでに自分があげた成果、残してきた実績は相手に伝えるべきでしょう。もちろん、事実（ファクト）のみを淡々と語る、という条件つきです。

いかにも〝盛っている〟という印象を相手が受けたら、間違いなく裏目に出ます。「う〜ん、彼には少々（多分に）、大言壮語のきらいがあるみたいだね」ということになる。成否は明らかですね。

良寛さんの戒語 10

自慢話

自慢げに話すのは聞き苦しいし、みっともないものです

自分一人だけが悦に入り、まわりは苦虫を噛みつぶしたような表情になる。自慢話です。しかし、世の中に自慢のタネは尽きないようです。仕事や地位の自慢から、家柄自慢、学歴自慢、配偶者自慢、きょうだい自慢、子ども自慢、モテ自慢……。いちいちあげていたらキリがありません。

たしかに本人は気持ちがいいのだと思いますが、聞かされる側の不快指数は長くつづけばつづくほど、上がっていきます。自慢話は聞き苦しい話のトップランクでしょう。

だいいち、自慢げに語る人がかっこいいでしょうか。奥ゆかしさを美徳としてきた日本には、自慢を戒める格言がいくつもあります。

「自慢は知恵の行きどまり」「自慢、高慢、馬鹿のうち」「（尾籠（びろう）な表現で恐縮ですが）自慢の糞は犬も食わぬ」。これらの格言からしても、自慢話をするのは、相当にかっこわるいのです。

かりに一〇〇歩譲って、確固たる自分の実績を自慢するのは、「まあ、よし」としても、他人の〝威光〟を借りた自慢は即刻やめるべきでしょう。こんな人がいるのではありませんか。

「じつは（著名人・有名人の）誰それが友だちなんだ。この間、一緒に飯を食ったばかりでさ」

誰と食事を同席しようと自由ですが、この種の自慢話はみっともないうえに、自分の器量を下げることにしかなりません。自慢が口をついて出そうになったときは、先の格言を思い出しましょう。

良寛さんの戒語 11

公事の話

訴えごとや争いごとの話は控えましょう

公事は訴訟のことです。日本はおおむね単一民族国家ですから、底流にある常識といったものを共有しているためか、欧米社会（とりわけ米国社会）と違って、何かあればすぐにも訴訟に持ち込むということは、比較的少ないといっていいでしょう。

しかし、裁判沙汰にまでならない争いごとは身近にもあるのではないでしょうか。ビジネスパーソンでいえば、社内に派閥抗争があるかもしれません。それほど露骨なものでなくても、次期社長の座を狙う専務派と常務派が、どこか反目し合っているといった構図はどんな組織にもありそうです。

派閥に属す、属さないは自分の判断ですから、それについてとやかくいうつもりはありません。ただし、かりに派閥に属していても、反対派のことを表立ってこき下ろしたりするのは控えたほうがいいでしょう。

争いごとはいずれ決着します。派閥抗争でいえば、専務か常務のどちらかが社長に就任するわけです。派閥は「情」の世界ですから、当然、反対派は冷や飯を食わされることになります。

真っ先に情実人事の標的になるのは、反対派の旗振り役、旗幟を鮮明にして勝利した派閥を舌鋒鋭く口撃していた人間でしょう。争いごとに積極的に首を突っ込んだら、思惑とは違って、そんな顛末を迎えることになる可能性は、けっして小さくはないのです。

仏教は「中道」をゆきなさいと教えます。どちらにも偏りすぎない立ち位置をとる。公事に巻き込まれない妙法がそこにあります。

良寛さんの戒語 12

諍い話

他人の喧嘩の話には口を噤んでいましょう

人にはそれぞれ個性があります。人間関係はその個性と個性のぶつかり合いですから、ときに揉めごと、諍いごとが起きるのも致し方のないことだといえるかもしれません。

他人の不幸は蜜の味、という言葉があります。それが人間心理だそうですが、他人の喧嘩も、また、甘味をもたらす、という面があるのではないでしょうか。

ママ友のうちの二人が口をきかなくなって、集まりにも顔を出さなくなった。当事者以外のママ友たちの間では、お茶やランチをするときの話題になるのは必定です。

「わたしはAさんに原因があると思うわ。だって、あの気の強さだもの」

「そうかしら？　Bさんだって相当に口が悪いわよ」

お定まりの欠席裁判がつづくわけです。しかし、口をきかなくなったほんとうの原因は当事者にしかわかりませんし、和解するにしろ、絶縁するにしろ、解決は当事者間でしかできないのです。

部外者が勝手な憶測であれこれものをいうのは、野次馬根性以外の何ものでもないと思うのですが、いかがでしょうか。

考えていただきたいのは、野次馬の列に加わるか加わらないかは、品性の問題だということです。どちらを選ぶかで品性が問われます。周囲が喧嘩の話題でもちきりであっても、品性を保つ方法はあります。

「詳しい事情がわからないし、なんともいえないわ」

これ、良寛さんにも合格印をもらえる〝名答〟だと思いませんか。

不思議話

自分が合点がいかない話はしないことです

良寛さんが何をもって「不思議話」としていたのか、正確なところはわからないのですが、ここでは「自分が合点がいかない（納得していない、訝っている）話」と解釈して進めたいと思います。

人は自分が合点がいっていること、心から納得していることについては、自信をもって話すことができます。相手からの疑問や質問にも、的確に答えることができるでしょう。

しかし、合点がいかないところがどこかにあると、それが自信を揺るがせるのです。たとえば、上司の指示を受けて商談に臨んだとき、指示内容に自分が納得できないところがあったら、胸を張って堂々とこちらの要求を提示できるでしょうか。先方からそこをつかれ、

「この部分は少し厳しいように思うのですが……」

と指摘されたら、（じつはわたしもそこは納得していないのです）という思いになるはずです。もちろん、それは口に出せませんから、なんとか押しきろうとしても、自信が揺らいでいることは隠せません。

声の調子も、目力も、態度も弱々しくなってしまう。それではこちらのペースで商談を進めることはできません。合点がいかない話はしないのがいいのです。ここはひとつプロセスを踏むことです。

合点がいくまで上司に説明を求める。仕事に誠実であろうとする部下の求めに応じない上司はいないでしょう。あとは憂いのない清々しい心でその場に臨むだけです。

14

物いいのはてしなき

とりとめのない話、キリのない話は困りものです

淀みなく話す、という表現があります。言葉も適切で過不足がなく、文章でいえば、起承転結がきちんとしているということでしょう。これとは似て非なる話し方が、とりとめなく話す、話にキリがない、というものです。

もうそろそろ相手の話は終わり、今度は自分が何かいおうというときに、「このへんで前ふりは終わりにして、本題だけど……」とくる。これは神経を逆なでします。

「おい、おい、これから本題なのか。もう、いい加減、勘弁してくれよ」

というのが周囲の本音でしょう。たいがいの場合、その本題も要領を得ず、ダラダラとつづくことになりますから、とてもまともに聞いてはいられません。

この話し方の〝罪深い〟ところは、他人が話す機会を奪っているという点です。仕事のミーティングはもちろんですが、プライベートな集まりでも、肝要なのは、さまざまな意見、いろいろな話が飛び交うことでしょう。いわゆる、「談論風発」が暗黙のルールなのです。

そのルールを逸脱するのはおおいなる罪です。周囲の反応はしだいに変わっていきます。

「あら、あら、また、彼（彼女）の独演会が始まっちゃったよ。さて、スマホでもチェックすることにするか」→「彼（彼女）がいるとロクに話もできないから、もう参加はご遠慮願おうよ」

という具合で、最後はお呼びがかからなくなる。切り上げどきを知らない話し方は、周囲から〝総スカン〟への道をたどります。

15 公儀の沙汰

政府批判は"匙(さじ)加減"が大切です

良寛さんが生きた時代は、江戸幕府を頂点とする徹底した中央集権体制でしたから、幕府（お上）の施策に物申すことは御法度であり、そんなことをすれば、身に危険がおよびもするということだったのでしょう。

現在は言論の自由が憲法でも保障され、政府、政権を批判することも国民の権利とされています。公儀の沙汰を論じることは「戒」ではなくなっているといっていいでしょう。

そうした開かれた時代であることはいいことですが、批判にはおのずと匙加減があってしかるべきだ、とわたしは考えています。

二〇一六年度の『新語・流行語大賞』のトップテンに選ばれたもののなかにこんな文言がありました。

「保育園落ちた　日本死ね」

言葉は世相を映し出す鏡です。たしかに、待機児童問題は深刻ですし、行政への不満、批判が高まるのも、当然のことでしょう。事実、某国会議員はこの文言を国会に持ち出し、鬼の首をとったといわんばかりに政権批判をしていました。

しかし、批判の中身に正当性、妥当性があれば、どんな言葉を使ってもいいのでしょうか。

いまはＳＮＳ上の度を過ぎた悪口雑言が問題視され始めていますが、やはり、公にする文言には多少なりとも品格が求められると思うのです。

匿名性の陰に隠れてのいいたい放題は品格に欠けます。匙加減があってこそ、批判の文言も光るのです。

減らず口

勝手な屁理屈や憎まれ口、負け惜しみは封じましょう

わたしが子どもの頃には、親に叱られて、理屈にならないいいわけをしたり、憎まれ口をきいたりすると、「減らず口をたたくな！」と一喝されたものですが、いまの若い世代には「減らず口」という言葉自体が、すでに死語になっているのかもしれません。

それはともかく、減らず口をたたく状況はいまも変わらずあるようです。たとえば、プレゼンテーションで競合する他企業に負けたといったケースで、

「きょうは朝から体調が悪かったからなぁ。万全だったら、負けるはずがなかったんだ」

「向こうはプレゼンターが三人、こっちは一人じゃ、いかにも分が悪い。多勢に無勢は卑怯じゃないか。きたないよ」

大事なプレゼン前の体調管理は自己責任ですし、プレゼンの成否はあくまで内容勝負。人数で決まるわけもありません。どちらも理屈として成り立ちませんし、負け惜しみ感がありあり。明らかに減らず口の類いでしょう。

聞かされる側の受けとり方はといえば、こんなところが相場でしょう。

「負けは負けと認めれば、いっそ清々しいのになぁ。身勝手な自己保身にしか聞こえなくて、なんだか哀れを誘うよ」

減らず口は周囲の顰蹙（ひんしゅく）を買いますし、自分自身を前に進めるうえで妨げにもなりそうです。「今回は完敗。次回巻き返すぞ」

これが、瞬時に気持ちを切り替えて、前に踏み出すためのバネになる〝まっとうな口〟です。

第2章
相手の話を聞いていますか
良寛さんの自戒14話

17

人の物いいきらぬうちに物をいう

人がまだしゃべっているうちに遮って話し始めるのは失礼です

自分の話を聞いて欲しい。これは誰もが抱いている思いでしょう。話しているのに、聞いているのだかいないのだかわからないというのでは、張り合いがありませんし、どこか自分が軽んじられているような気分にもなるのではないでしょうか。

話の合間に、「そうなんですか」「すごいですね」「それはおもしろい」……といった相槌が入れば、相手が真剣に聞いてくれていることが感じられ、話にもいっそう熱が入ろうというものです。

それとは逆に気分が急降下するのが、話している途中に割り込まれることでしょう。いわゆる「話の腰を折る」というものですが、話している側にとって、これはなんとも腹立たしい。

話したいこと、いいたいことをいいきっていないのに、話の主導権を奪われてしまうわけですから、不完全燃焼感が残りますし、その相手に対して舌打ちのひとつもしたくなって当然です。

「話は最後まで聞けよ。失礼じゃないか」

それが偽らざる思いでしょう。自分の話を聞いて欲しいということと、相手の話をちゃんと聞くということは「ワンセット」です。別のいい方をすれば、それが会話の基本的なルールですし、最低限わきまえていなければいけない相手に対する礼儀でしょう。

礼節を知らない話し手のまわりからは、しだいに人が離れていくことを、肝に銘じておきましょう。

子どもをたらす

手なづけたり、ご機嫌をとって子どもに好かれてもしかたがありません

これはいかにも良寛さんらしい「戒語」です。こんなエピソードが伝わっています。ある夕暮れどき、子どもたちと隠れんぼをしていた良寛さんは、物陰に隠れます。闇が立ちこめ、子どもたちは良寛さんを見つけられないまま家に帰ってしまいます。翌朝、農夫が田圃に出るとそこに良寛さんの姿がありました。「まだ、見つかっていないのだから」とずっと隠れつづけていたのです。

子どもたちと〝本気〟で〝純粋〟に遊びに興じたのが良寛さんです。〝たらす〟とは無縁の心、もっといえば、そこからいちばん離れた心で、子どもと接していたといっていいでしょう。

そんな良寛さんを子どもたちは「ばっかじゃないの」といいながら、大好きでした。大人と子どもという垣根がない触れ合いだったのだと思います。

いまは〝友だち親子〟という関係があるそうです。親と子が仲がいいことは望ましいことですが、友だちづきあいをするというのは、少し違うのではないか、とわたしは思っています。

親には親の、子には子の、立場と役割があります。まず、おたがいがそれを守ることが大切です。そうであれば、友だち関係というのはあり得ません。おそらくは、親が子どものご機嫌をとる（たらす）かたちでしか、そうした関係は成り立たないのではないでしょうか。

それが〝本気〟で〝純粋〟な親子関係でしょうか。違うのではありませんか。親子が仲よく「する」のではないのです。本気で純粋に向き合った結果、仲よく「なる」のです。

ことばの違（たが）う

いうことがコロコロ変わっては信頼されません

誰かと話していて、違和感を覚えることがありませんか。こんなケースもそのひとつでしょう。

「あれっ、ついこの前いっていたこととぜんぜん違うじゃないか。おかしいなぁ。いつの間に考え方が変わったんだ」

ものごとの見方も、何かに対する見解や意見も、人の評価も……きっかけがあって変わることはありますが、変化がそうたびたびでは、聞く側はどれがその人の真意なのかわからなくなります。何を考えているか、どんな考え方をするか、がわからなければ、信頼することなどできないでしょう。

なかにはこんな人もいます。相手によって話し方が違ってくる。自分より立場が上の人に対しては、お世辞とも、おべっかともとれる話し方をするのに、立場が下の人には一転して、横柄な話し方をするタイプです。

たとえば、下請け業者が相手のときは、

「さっさと荷物をそこに置いてよ。こっちは急いでいるんだよ。まったく使えねぇな」

といった口を平気できく一方で、相手が重要なクライアントとなると、

「おっしゃるとおりでございます。はい、その通りにいたします。いやぁ、部長の慧眼にはいつも驚かされるばかりで……」

という対応をする。これは少し極端かもしれませんが、話し方の使い分けをする人は、けっこういるのではないでしょうか。その人間性、信頼できますか。答えは明白ですね。

20

たやすく約束する

安うけあいは
〝大ケガ〟につながります

「いうは易くおこなうは難し」という諺があります。約束についても「するは易く守るは難し」ということがいえるのではないでしょうか。忙しいときに新たな仕事のオファがあった。それを引き受けることが自分のステップアップに確実に繋がる。さあ、ここではどんな対応をするべきでしょう。

「頑張ればなんとかなる。それに、期日に一日くらい遅れても大丈夫だろう」勝手に期日遅れも「あり」と想定して、二つ返事で引き受ける。しかし、先方が期日厳守を想定していたら、約束を反故にする結果となることもあるわけです。そうなったら、先方に迷惑をかけるばかりか、〝期日を守らない人〟という評が、業界に広がることだってあり得ます。悪評の伝播力はすさまじいのです。これは、大きなダメージです。

まず、現状（多忙であること）を率直に伝えるべきです。そのうえで、

「期日までに仕上げるように最大限の努力をします。ただ、万々一のときは、相談に乗っていただけないでしょうか？」

というい方をする。期日が譲れないということなら、そのオファはご破算になりますが、仕事に対するこちらの誠意は十分に伝わるはずです。もちろん、一日、二日の遅れは許容範囲内ということであれば、仕事は成立することになるでしょう。

なお、友人間などプライベートな約束では「近いうちに」は使用不可です。「近いうちに飯でも食おう」ではなく、必ず、「来週末に～」などと期日指定をすることです。「近いうち」が実現することはめったにありません。

良寛さんの戒語 21

よく心得ぬことを人に教える

知ったかぶりをしてはいけません

自分の得意分野のことは人に話したくなるものです。もちろん、得意のレベルが「熟知」「通」の域に達していれば何も問題はありません。しかし、「生半可」というレベルであったら、滔々と語れば語るほど、懇切丁寧な教示におよべばおよぶほどに、危うい事態を招きかねないのです。

「禅の開祖は達磨で、四年も五年も石の上で坐禅をして悟ったんだよ……」

禅についてのご託宣ですが、「面壁九年」という言葉もあり、達磨大師は壁に向かって九年間坐禅をしたというのが、まあ、多少は禅を知っている人の常識です。かりにその場に〝常識人〟がいたら、「え～っ、石の上で四年、五年だって⁉　……プッ」と吹き出さずにはいないでしょう。

結果は明々白々。生半可な知識をひけらかした知ったかぶりは、満場のなかで赤っ恥をかくことになるのです。常識人が知ったかぶりの体面を慮って、吹き出しもせず、平静を保っていてくれたとしても、知識の浅薄さはその人に知られてしまいます。これも、けっこう恥ずかしいことではないでしょうか。

昨今はネットでどんな情報も入手できますから、付け焼き刃的にそれを仕入れて、蘊蓄を語るといったこともありそうです。しかし、ネットの情報は玉石混淆、むしろ、石ころのほうが多いのが実情かもしれません。

そんな情報をもとに著名人の知られざる過去を得意げに語ったところ、

「ぼくは彼と中学、高校で同じクラスだったけど、その話ぜんぜん違うよ」

と指摘されることだってないとはいえません。知ったかぶりの足下には恥の穴がぽっかり開いています。

22 ことごとしく物をいう

仰々しく、大袈裟に話をするのはやめましょう

ひとつの事実もその話し手によって印象がずいぶん違ったものになります。たとえば、結婚披露宴の報告。ある参列者は、「厳かで品のあるいい披露宴だったよ」と語るかもしれません。しかし、同じ披露宴が別の話し手の手にかかると、こんなふうになることもあるわけです。

「なんだかさ、盛り上がりがなくて、退屈しちゃった。親戚筋に結婚に反対する人が多かったんじゃないかな。きっと、そうだよ。そうに決まっている」

印象は個人的なものですから、さまざまな受けとり方があっていいわけですが、想像をたくましくして、親戚筋の胸の内にまで言及するのは、少々、わきまえに欠ける、大袈裟に過ぎるのではないでしょうか。

もちろん、楽しいことをより楽しく、おもしろいことをよりおもしろく、盛り気味に話すのは、巧みな話術といえますし、罪もありませんが、否定的な話や悪口、噂話の類いは、仰々しくせず、むしろ、抑制を効かせるのが、大人としての心得でしょう。

その種の話は尾鰭がつくもの。お酒の席で少しハメを外したという〝事実〟が、何人かの口を経るうちに、酒癖が悪い、酒に溺れている、酒乱だ……ということになったりすることは、案外、少なくないのではないでしょうか。

「白髪三千丈」はものごとを誇張していうことのたとえですが、この表現は中国のお国柄を反映してもいるのでしょう。慎ましやか、控えめ、奥ゆかしさが日本のお国柄です。

ことごとしい物いいは似合わない。良寛さんはそういっています。

いかつがましく物をいう

居丈高で、攻撃的ないい方は慎みましょう

言葉には地域性があります。いまは日本中が標準語化されていますが、かつては東北の人と沖縄の人では、おたがいに放言がきつすぎて、話が通じないといわれました。方言のなかには強い口調で居丈高に聞こえたり、相手が攻撃性を感じたりするものもあるようです。東京も江戸の昔は荒っぽかった。職人さんなどは久しぶりに旧友に会った際、こんな声かけをしていました。

「おめぇ、まだ生きてやがったのか、こんちくしょ〜」

翻訳すれば、「元気でいてくれてよかった。安心したよ」ということになるのですが、他の地域の人が聞いたら、「喧嘩が始まる！」と思ったとしても不思議はありません。それもいまは昔ですが、話し方は人それぞれですから、自分では気づかないうちに、相手に〝いかつがましさ〟を感じさせてしまっている、ということもあるのではないかと思います。これはコミュニケーションのうえでマイナス。

自分と話していると、相手がなんとなく窮屈そうだ、黙ってしまうことが多い、いつも早く話を切り上げたい様子が見受けられる、話にのってこない……。そんな人は可能性ありです。

いいお手本を見つけてそのマネをしてみたらいかがでしょう。いつも周囲に人が集まっているような人は、話し方も穏やかで、言葉使いもきれいなものです。お手本として秀逸です。「人のマネなんか」と思わないでください。マネもつづけているうちに自分のものになります。

24

引きごとの多き

引用癖も〝ほど〟を心得ないといけません

自分の意見や主張を補完してくれるのが名言や箴言、格言でしょう。たとえば、恋愛が話題になったとき、自分に恋愛に対する確固たるポリシーがあって、それを語ったのちに、

「そういえば、モリエールがこんなことをいっているよ。『結婚の契約をしてからでなければ恋をしないというのは、小説を終わりから読み始めるようなものである』。同感だなぁ。いつも、結婚の文字がちらついている恋愛なんて、つまらないもんね」

といった具合に名言を引くのは自説、自論を説得力のあるものにしてくれるでしょう。名言が補完としての役どころをきちんとはたし、その枠を越えてはいないからです。

しかし、無闇矢鱈（むやみやたら）に名言を連ねるのはどうでしょう。誰それはこういっている、一方、こんなことをいっている人もいる、そうそう、こんな恋愛観を提唱している人もいたな……。周囲の反応はこうです。

「物知りなのはわかったけれど、ところで、あなたの恋愛観はどうなの？　それがちっともわからない」

名言はあくまでスパイスです。「自分の考え（自説、自論）」というベースになる出汁やフォン・ド・ヴォーがあってはじめて、スパイスは活きるのです。ベースのないただのお湯にいろんな種類のスパイスをふりかけたら、とても飲めたものではなくなってしまいます。

まず、固めるべきは「基本の味（自分の考え）」でしょう。

ことわりの過ぎたる

理屈や言い訳が多いのは見苦しいかぎりです

いまの若い世代は、上司が指示を出すと、こんなふうに対応してくることが少なくないそうです。

「なぜ、わたしがこれをしなくてはいけないのですか？（わたしがしなければならない理由を説明してください）」

たしかに、自分がすることの理由や意味を知りたいというのは理屈ですが、それは仕事の経験を十分に積み、独り立ちしてからいうべきことでしょう。まだ、仕事もロクにできない段階で、「これ、コピーをとってくれないか」「なぜ、わたしが……」は通用しません。上司にしてみれば、これほど面倒くさい部下はいませんね。

理屈は脇に置いて、とにかく動くことが求められる時期があるのです。動いているうちに、説明されなくても、それをすることの理由や意味は明らかになってくるものです。

言い訳も見苦しさのきわみです。言い訳するのは自分を正当化するためでしょう。会社に遅刻をしたら、「得意先に電話を入れていたら、電車が発車してしまって」、仕事でミスをしたときは、「このところひどく忙しかったので、集中力がなくなっていて」……。

いずれも、自己正当化です。しかし、遅刻もミスも、自分に非があることは間違いないのです。そうであれば、ただちに「申し訳ありません」が先決でしょう。

言い訳を封印したら、清々しさが宿ります。

あの人にいいてよきことをこの人にいう

いってもいい人、いけない人を見きわめましょう

〝放送局〟〝スピーカー〟という言葉から何を連想しますか。現在はあまりこのいい方はしないようですが、昔は聞いたことをすぐに誰にでも話してしまう「口の軽い人」を、揶揄のニュアンスを込めてこう表現していました。

高度な情報化社会のいま、情報が仕事の成否を決めるカギになることが少なくありません。しかし、情報にも個人で握っているべきもの、何人かで共有すべきもの、広く公開すべきものがあります。

その仕分けはとても重要です。本来、いうべきでない人にしゃべってしまえば、仕事にも支障をきたすことになるでしょうし、情報漏洩の〝元凶〟というレッテルを貼られることにもなりかねません。そうなったら、今度は必要な情報も入ってこなくなる。いわゆる、蚊帳の外に置かれる、ということになってしまうわけです。

プライベートな場面でも、いってもいい相手を見きわめないと、関係がこじれる原因になります。友人のなかに「この部分は直して欲しい」と思う相手がいたとします。その場合、直接本人に、

「大事な友人だと思っているから、あえていうのだけれど、もう少し、周囲に気配りをしたほうがいいんじゃないかな」

といういい方をすれば、相手もありがたいアドバイスと受けとってくれるはずです。しかし、本人以外の誰彼かまわず、「あいつ、気配りが足りないよな」などといったら、こちらは悪口になってしまうのではないでしょうか。

話す前の見きわめ、くれぐれも誤らないでください。

そのことをはたさぬうちにこのことをいう

ひとつのことが決着しないうちに別のことをいってはいけません

議論や相談事の目的は、その課題について何らかの結論を出すことです。結論にいたる道筋に沿った意見や話であれば、何を語るのも自由ですが、横道にそれてしまうと収拾がつかなくなり、いたずらに時間を浪費するだけで、結論が出ないままに終わってしまう、といったことになりますから、十分注意しましょう。

たとえば、ママ友たちの間で何かの行事の担当を決めるために集まるということがあると思います。さまざまな意見が出されているさなかに、誰かがこんな話をしたらどんな展開になるでしょう。

「そういえば、駅前に新しくできたレストランでこの前ランチをしたのね。安くておいしかったわよ。ボリュームも満点だったし……」

グルメ関連の話題は女性の〝大好物〟ですから、そこから発展する可能性は大です。

「たしか、イタリアンよね。ランチってどんなメニューがあるの？　安いって、おいくらぐらい？」

「そういえば、ポストにチラシが入っていたわ。ねぇ、ねぇ、今度みんなで行ってみない？」

「行きたい、行きたい。いつにしましょうか？　いま、決めてしまわない？」

結局、時間の大半がグルメ話に終始し、肝心の担当の割り振りは、後日に先送りということにならないともかぎりません。とにかく、結論まで余所見をしないことです。結論が出たら、あとはグルメ話もファッション話もご随意に……。

28 へつらう事

人に気に入られるように話すことはありません

自分がかかわっている人たちに好感をもたれたいという思いは誰にもあるものでしょう。そのために努力するのも望ましいことです。ただし、好感をもたれること、気に入られることが目的化してしまうのはどうでしょうか。

人はそれこそ十人十色で、違った気質、感性をもっていますし、好みもそれぞれですから、一〇人に気に入られようと考えたら、それぞれの気質や感性、好みに合わせなければいけないことになりませんか。

ごく単純な例でいえば、ある人物について、一人が、「彼はいいやつだね。ああいう人間は好きだよ」といったのに合わせて、「そうですね。ぼくも大好きです」といい、別の人が、「彼みたいな人間はどうかな。ちょっと好感がもてないな」といえば、「ぼくも好きになれませんね」と同調するというのが、相手の好みに合わせるということでしょう。

そこには自分というものがありません。ただ、相手にへつらい、おもねっているだけです。合わせようとする相手が多くなれば、その数だけ自分ではない自分を演じなければならなくなるわけです。

これは疲れると思いますし、どんどん本来の自分を見失っていくことにもなるのではないでしょうか。だいいち、それで気に入られたとして、心が満たされますか。

自分の思いや気持ちは率直に話す。その結果、気に入られても、気に入られなくてもいいではないですか。優先順位は断然、自分を見失わないことにあるのです。

29 人の話の邪魔をする

人が話しているときに遮(さえぎ)るのは嫌な感じです

お株を奪われる。自分が得意なことを誰かに掠(かす)めとられることですが、話のなかでもそんなことが起こります。

「この前『東京物語』を観たんだ。(監督の)小津安二郎はやっぱりいいね。あの独特のローアングルが日常をうまく切り取っていて……」

熱っぽく話し始めたところで、誰かの邪魔が入る。

「カメラを低い位置に固定して撮るあの手法は〝小津調〟というんだ。父親役の笠智衆はあのとき、たしか五〇歳前後で娘役の杉村春子とは一歳しか違わないんだよ……」

まさにお株を奪われた状況。たっぷりと『東京物語』について話したかった人にとって、これはなんとも嫌な感じでしょう。たとえ、その話題に関しては話し手よりはるかに多くのことを知っているとしても、話の途中で邪魔をして自分がとって代わってはいけません。

その人が話し終わってから、十分にプライドに配慮しながら、控えめに自分の知識を披露する。それがその場の雰囲気を壊さない話し方のコツです。話したくてウズウズしている自分を抑えるのも、大人としての穏当なふるまいでしょう。

もっとも、明らかな事実誤認があった場合にあらためるのはよし、です。名前を間違えているといったケースがそれ。「それは〇〇〇〇だよね」と正しても、相手は嫌な気持ちにはなりませんし、間違えたまま話しつづける恥ずかしさから救ってあげることにもなります。

30 あなどること

相手を軽んじるのは品位に欠けます

これは想像するしかありませんが、良寛さんはどんな人と話すときも、相手と同じ目線で話していたのだと思います。権威ある人の前でも微塵も怯むことなく、小さな子どもに対しても軽んじるなどということはいっさいなかったのでしょう。

その姿勢もしっかり心にとめておきたいところです。相手を軽んじていると、それは必ず、選ぶ言葉や口調から相手に伝わります。「こんなことをいっても、わかっちゃいないだろうな」と思って話していれば、その思いを相手は敏感に感じてしまうのです。

今後、ますます人口の高齢化は進みます。看護や介護などで身内のお年寄りと接することも多くなるでしょう。その際は十分に心しておくことです。

「もう、何もできないんだからだめねぇ。まったく、世話がやけるったらありゃしない」

心の片隅にでもそんな思いがあると、話し方やふるまい方がその思いを映し出します。表面上はいたわりの言葉を使っていても、相手は〝だめな自分〟〝世話がやける自分〟であることを思い知らされて、気持ちが萎えてしまうに違いありません。

「一切衆生悉有仏性」。誰にも等しく仏様の心が備わっているのです。その心に重いも軽いもあるはずがないのです。その人を軽んじることは、うちにある仏様の心を軽んじることです。それほど品位に欠ける行為はない。わたしはそう思っています。

第3章 その一言がルール違反

良寛さんの自戒20話

しめやかなる座にて心なく物いう

しんみりとした場面で場違いな発言は不謹慎です

TPOという言葉をご存知ですか。「Time＝とき」「Place＝場所」「Occasion＝場合」ということですが、話し方もこの三つをわきまえないと、その座の空気を乱すことになります。

お通夜やご葬儀に参列することが人生には何度となくあるものです。そこで友人や知人と久しぶりに顔を合わせる。そんなとき、懐かしさもあって、通夜ぶるまいや精進落としのお酒が入ると、大声で話したりする人がいます。

「おぉ〜、久しぶりだなぁ。おまえ、元気だったか？　いま、仕事、何やっているんだ？」

そのしめやかな座は、故人をお送りするとき（Ｔ）であり、そのために設けられた場所（Ｐ）であり、悲しみに沈むご遺族を慰め、いたわる場合（Ｏ）なのです。旧交をあたためるのはけっこうですが、その座ではいかにも場違い、あまりに不謹慎です。

お通夜、ご葬儀などしんみりした空気が支配しているところでは、その中心にいる人（喪主や遺族）に心を寄せることが大切です。その人の立場に自分を置いて、その心を慮る。心を寄せるとはそういうことでしょう。

道元禅師はそれを「同事」とおっしゃっていますが、そうすることで、わきまえるべきことがわかります。周囲の人たちが眉を顰（ひそ）めるような言動はしないですむはずです。

顔を合わせた旧友同士の間でなら、瞬時のアイコンタクトで、「このあと一献どう？」「ＯＫ」くらいの〝会話〟はできますね。

32 人の隠すことをあからさまにいう

人が秘密にしていることを暴露するのはルール違反です

誰にでも隠しておきたいこと、触れて欲しくないことがあります。たとえば、高校生の頃にやんちゃだったという過去。もちろん、その頃からのつきあいで、その後、立ち直って真面目にやっている現在のことも知っている友人同士の集まりでなら、

「あの頃のおまえ、ほんとにワルだったよな」

「おぉ、そう、そう。それがいまはこんなに素敵なパパだ。なんと立派な大変身じゃないか！」

そんな会話も笑ってできます。しかし、現在の彼しか知らない人がいる場面では、過去は秘密にしておきたいかもしれません。本人が語らないかぎり、口を閉ざしておくのがルールというものでしょう。

また、仕事のミスや失恋などについても、いつまでも引きずっていて克服できない人がいます。それらもこのルールの適用範囲でしょう。

気づかずにしゃべってしまう可能性があるのが「慶事」に関することではないでしょうか。友人の婚約が決まった。おめでたいことだからと、早速、誰かに話したところ、その相手が婚約が整った当人をいちばんの親友だと思っていたとしたら、ことは少しやっかいなことにもなりそうです。

「親友なのだから、彼女の婚約のことは、本人の口から聞きたかった。なぜ、まっさきに報告してくれなかったのかしら？　あまりに水くさいじゃないの！」

といった事態が想定されるからです。慶び事であっても、情報源は本人に譲っておくのが、余計な揉めごとを引き起こさないポイントかもしれません。

良寛さんの戒語 33

ことごとに人の挨拶を聞こうとする

自分は挨拶をされて当然だと思うのは大人げがありません

コミュニケーションは挨拶を交わすことから始まります。その意味ではコミュニケーションの原点が挨拶だといっていいでしょう。とりわけビジネスパーソンにとって挨拶は重要。まともに挨拶ができなければ、「ビジネスのイロハのイも心得ていないのか！」と叱責されること必至です。

しかし、経験を積んで大勢の部下を束ねるようなポジションにつくと、その〝イロハのイ〟を忘れがちになる。社内では、「挨拶は部下のほうからしてくるのが当然だ」

という思いがあって、自分からはしなくなったりするのではありませんか。

挨拶を忘れる部下がいたりすると、「なんだ、あいつは」と腹を立てることもあるでしょう。

社外の人に対しても、「自分は部長で彼は課長だ。なにもこちらから先に挨拶をすることはないだろう」ということになるかもしれません。自分は相手から挨拶をされて当然の人間だと思うわけです。

禅は常に自分から挨拶しなさい、と教えます。どんなに立派な肩書きがつこうと、いつも自分から明るく、元気に、大きな声で、「おはよう（ございます）」と挨拶の声かけをしてくる人と、自分は部長だ、常務だという態度がありありで、相手からの挨拶を待っている人では、どちらの器量が大きいかはいうまでもないでしょう。

器量は〝大人度〟をはかるスケールでもあります。挨拶でそれがはかられていることを知ってください。

顔を見つめて物いう

あまりじーっと顔を見つめながら話すのは好感がもたれません

話をするときは、きちんと相手の顔を見なさい。そういわれたことがある人は少なくないと思います。話しているときに、そっぽを向いたり、うつむいたりしていては、相手が気分を害することにもなるでしょう。

顔を見るということは、表情を観察することです。表情には心があらわれますから、その変化によって、相手が自分の話を理解してくれているとか、ちょっと納得していないとか、といったことが推察できるのです。観察は大切なことです。

そうであるとすると、この良寛さんの戒語は〝ヘンだ（正しくない）〟ということになるのでしょうか。そうではないでしょう。良寛さんがいわんとした要点は、〝じーっと見つめながら〟というところにあるのだ、とわたしは解釈しています。

この表現からイメージされるのは、〝穴の開くほど見つめる〟ということではないでしょうか。これは抵抗がありそうです。ましてや、こちらの表情が険しいものであったり、睨みつけるようなものであったら、相手を緊張させてしまいますし、威圧感を感じさせもするでしょう。

「和顔」という禅語があります。文字どおり、和やかな表情ということです。この和顔を相手に向けていれば、観察もできますし、相手を緊張させたり、威圧したりすることもありません。

もちろん、好感度がもっとも高いのが和顔であることは、いうまでもありませんね。

良寛さんの戒語 35

酒に酔いてことわりをいう

酔っているときに理屈をいっても通用しません

わたしはほとんどお酒を嗜みませんが、お酒にはリラックス効果がありますし、ストレス解消効果もあるようです。適度な飲酒は日常生活にメリハリをつけることにもなるのでしょう。

ただし、楽しく、明るく、飲むというのが条件です。酒席ではよくこんなことがあると聞きます。ふだんは物静かで、部下にあまり文句もいわない上司が、したたかに酔って豹変する。

「おまえらね。もう少し、自分から仕事を掴まえにいく姿勢があってもいいんじゃないか。いわれたことだけただこなすというんじゃ、物足りないんだよ。なんか足りないんだよなぁ」

いっていることは正論です。仕事に積極果敢に挑む姿勢は、すべてのビジネスパーソンに求められるものですし、上司が部下にそれを期待するのも当然でしょう。

しかし、場面がいけない。酔っていては、どんな正論、理屈であっても、その正当性、説得力を著しく欠くものになってしまいます。比喩的にいえば、酒の勢いを借りたら、言葉も〝酩酊〟して、愚痴になってしまうのです。

正論はしかるべきミーティングの場で語ってこそ、正当性も説得力も担保されるのです。部下の上司に対する提言も同じです。「部下をもっと信じて、仕事をまかせて欲しい」といったまっとうな提言も、酒席ではただの上司に対する不平不満になってしまう。ミーティングの場で、「課長、きょうはひとつお願いがあります～」と切り出してはじめて、上司も一考する気持ちになるのです。

良寛さんの戒語 36

酒に酔いたる人にことわりをいう

酔っている人に
理屈を説いてもムダです

お酒を一献酌み交わすことで、おたがいの心の垣根が外れ、腹を割って話ができるということがあります。部下に対して要望やアドバイス、あるいは意見や注意をしたいとき、

「よし、ここは一献傾けながらにするか」

と考えるかもしれません。しかし、これは前項の裏返し。酔っている人に理屈をいっても意味がありません。やはり、しかるべき場を設定する必要があります。その際

のキーワードが「マンツーマン」。

つまり、一対一の場を設定することです。禅語に「面授」というものがあります。その意味は、ほんとうに大切なことは顔と顔を合わせて伝えなさい、ということ。まさしくそれで、その部下をミーティングルームなどに呼んで、〝サシ〟で話をすることです。

とくに意見や注意は、衆人環視のなかでするると、効果よりはむしろ弊害があるものです。「なにもみんなの前でいうことはないじゃないか！」と部下が反感をもつことになりがちなのです。

会社にそうした（一対一で話をする）環境が整っていない場合は、酒席を活用せざるを得ないかもしれません。そのときは、次の一点だけは厳守してください。

「酒の前に10分だけ話をさせてくれないか。それから、ゆっくり飲ろう」

そう、必ず、酔う前に話をすませてしまうことです。話とお酒を切り離す二段階方式なら、理屈は相手の心に届きます。

腹立てるときことわりをいう

怒っているときの理屈は危険です

誰にでも腹の虫の居所が悪いことがあるものです。いちばん理屈を語ってはいけないのがそんなときです。どんな顛末になるか、シミュレーションしてみましょう。相手はこのところ遅刻が目立つ部下……。

「○○君、このところ遅刻が多いが、体調でも悪いのかな？　それなら休みをとったらいい。会社に出てくるなら、遅刻はしないようにしてくれないと困るじゃないか」

筋の通った理屈です。ここで終われば通常の訓告ですが、腹が立っている状態だと、切り上げどきを誤り、しだいに筋から外れていきます。

「キミねぇ。仕事をちょっと舐めているんじゃないか。そんなことだからミスが起こるんだよ。この前だって〜」

過去のミスをほじくり返してあげつらうのは、明らかにこの場面では筋違いですし、理屈に合いません。しかし、怒りはいったん火がつくと、エスカレートせずにはいません。

「キミぃ、だいたいふだんの生活がなってないんじゃないか。毎晩飲み歩いたり、ふしだらな生活をしているんだろう。もう、人間としてだめなんだよ」

私生活に踏み込むのは〝アウト〟、人間性を否定するのはもっと、もっと〝アウト〟です。完全にパワーハラスメントの範疇です。

腹が立っているときにまずやるべきことは、落ち着きと冷静さを取り戻すことです。屋上（戸外）にでも出て、深呼吸を数回しましょう。理屈を語るのはそれからです。

はやまり過ぎたる

よく話を聞かずに判断すると失敗します

日本人のコミュニケーションには、ある特徴があるように思います。相手のいいたいこと、その胸のうちを推察するというのがそれです。「みなまでいうな」という表現がありますが、「すべてをいわなくてもいい、もう、わかっているから……」ということでしょう。

それは古くからある日本のコミュニケーション文化といってもいいと思いますが、ときには裏目に出ることがあるので注意せよ、というのが良寛さんのこの戒めです。

相手が最後まで話さないうちに、「わかった」と得心して、そこで話を打ちきってしまうことがあるのではないでしょうか。相手も自分の話を理解してくれたと思うわけですが、こちらが得心したことが必ずしも相手がいいたかったことと一致しないことがあります。

いわゆる、早合点、早のみこみです。たとえば、上司と仕事の打ち合わせをしていて、取引先と会う日を決めた。その段階で、「わかりました」と打ち合わせを終えたとします。

ここではアポイントをどちらがとるかの話まではしていませんから、上司は部下がとるものと考え、部下は上司がとってくれるものと思っている、ということもあるわけです。「わかりました」は部下の早合点です。

そこで打ち合わせを終えなければ、上司は「アポイントは頼むよ」のひとことをつけ加えたはずです。早まった判断はこのような失敗につながります。話は最後まで聞く。それが鉄則でしょう。

親切らしく物をいう

親切をよそおった言葉は心に響きません

人から親切にされたことはいつまでも心に残っているものです。言葉もそれは同じ。かけられた親切な言葉は心をあたたかくしてくれますし、そのあたたかみを忘れることはないでしょう。

しかし、「親切ごかし」はいけません。親切をよそおう、親切らしく見せかける、というのがその意味ですが、そんな思惑があっていう言葉は、どんなにもっともらしく話しても、ただ、ただ、空疎に響くだけです。

親切がひときわ身にしみるのは、悩みや不安、悲しみや寂しさが、心を覆っているときでしょう。仕事で思うような成果があげられず、転職をしようかどうか悩んでいるときに、

「いろんなツテがあるから、あたってみてやろうか。いい転職先を見つけてやるから、大船に乗ったつもりでいろよ」

そんなふうにいうのは親切でしょうか。安請け合いに過ぎますし、わたしは必ずしも「Ｙｅｓ」とはいえないと思います。悩みの核心は転職〝するか〟〝しないか〟にあるのです。前に心に寄り添うという話をしましたが、心に寄り添っていれば、きっとこんな言葉かけになると思うのです。

「ぼくにも同じようなことがあった。じっくり悩んだらいいよ。あせって結論を出すことはないというのが、〝経験者〟として、いまぼくにいえることだな」

こちらのほうがずっと、心に響くのではないでしょうか。そう、親切の「真贋（しんがん）」を分けるのは、やはり、心に寄り添っているかどうかなのです。親切ごかしは自分に酔っているだけです。

おのが氏素性の高きを人に語る

自分の生まれ育ちのよさを
誇らしげに話すのは慎みに欠けます

日本は歴史の古い国ですから、何十代にもわたってつづいている家柄もあります。お公家さんや旧華族といった家には代々の家系図が残っていることも少なくないでしょう。

それはそれで意義深いことですが、自分から家柄のよさ、育ちのよさを話すのはどんなものでしょうか。自分が努力、精進を重ね、研鑽を積んだことによって、掴みとったもの、成した事柄についてなら、まあ、語ってもおかしくはないと思いますが、どんな家柄に生まれるかは、努力や精進とはまったく関係がありません。いってみれば、〝たまたま〟その家に生まれたにすぎないのです。

それを誇らしげに話すのはおおいに慎みに欠けますし、聞いている側も、「だから何？　自分はどれほどの人間なの？」としか受けとめないのではないでしょうか。

「徳川」「松平」「近衛」……といった姓であれば、「もしや、あの？」と尋ねられることがあるかもしれません。その場合は、「はい、〇代目です」と簡潔に答えるのがいいと思います。

学歴や肩書きについても「秘するが花」。隠すことはありませんが、みずから吹聴したのでは〝残念な人〟と受けとられます。退職後に、現役時代の肩書きを自慢げに語る人がいますが、過去にしがみついているという印象しか与えないのではないでしょうか。

退職して〝ただの人〟になったのなら、その自分で生きていくのが、いちばん清々しく、心も豊かなのです。

41 人のことを聞き取らず挨拶する

人のいうことをよく聞かないで対応してはいけません

自分が話しているときにいちばんうれしいのは、相手が真剣に聞いてくれていると感じられることでしょう。自然に熱もこもってくる。反対に相手にその様子が見受けられないと、話している甲斐もありませんし、熱も入らなくなります。

この戒は聞くことの大切さをいったものだと思われます。「挨拶する」を「対応する」というふうに解釈すると、全体の意味がわかりやすくなるのではないでしょうか。人の話をうわの空で聞いていたのでは、的確な対応ができるはずもありません。的外れなトンチンカンなことをいったり、生返事をしたりすることになってしまいます。

しかし、現代はそんな悪しき傾向が加速しているという気がします。その背景になっているのは、スマホの普及、ＳＮＳの進化でしょう。話をしながら、おたがいがスマホを手元に置いて、始終、ＳＮＳのチェックをしているというのが実情です。

会話よりもＳＮＳが気になっているのですから、うわの空で聞いて、生返事をするというコミュニケーション・スタイルになるのも、必然の結果といっていいのかもしれません。

せっかくいっしょにいて時間を共有していながら、いかにも残念、もったいないではありませんか。そろそろ、泉下の良寛さんの〝嘆き〟にきちんと耳を傾けるべきときです。

推しはかりのことを真事になしていう

推測の域を出ないことを
事実のように話すのは間違いです

こんな言葉をご存知ですか。「講釈師見てきたような嘘をいい」。講釈師とはいまでいう講談師ですが、彼らはさまざまな歴史話をまるで自分が直接目撃したかのように語るということです。いかにリアリティをもたせるかが、講釈師の「腕」ということになるのでしょう。

しかし、通常の話のなかでこれをやったら問題が起こりかねません。仕事では「報連相」、つまり、報告、連絡、相談が大切だといわれますが、上司に仕事の進捗状況を報告するときに、自分の推測であるにもかかわらず、それが事実のように話したらどうなるでしょう。

「課長、先方はこちらが提示した条件でいいとのことです」

そんな報告を受けた上司は、提示条件が通ったと考えます。それを前提にさらに仕事を進めるでしょう。しかし、事実は違っていた。

「この条件で間違いなく大丈夫だと思いますが、一応、社に持ち帰らせてください。まあ、かたちだけのことですから……」

それが先方の意向。すなわち、それが事実ということです。報告はそれに推測、それも希望的観測を加えたものになっていたわけです。後日、先方から条件変更の要望があっても、先方を責めることはできません。

責任は推しはかりごとを真事のように話した当人にあるのは明らかです。仕事ではとくに、はっきり確認できた事実のみを見据え、行動することが重要です。他愛ないことであれば、講釈師流を少々交えても、問題が起こる気遣いはありませんが……。

43 悪しきと知りながらいい通す

間違っていることに気づきながら主張を通そうとするのは感心しません

仕事のなかでも、プライベートな場面でも、議論をしていて自分の意見をはっきり主張することは大事です。しかし、いろんな人の意見が出てくるなかで、ふと、気がついたりすることがあります。

「待てよ。この人の意見のほうが正しいんじゃないかな。自分の主張は間違っていたみたいだ」

ここでやっかいなのは、自己主張の裏には自我が貼りついていることです。その自我が邪魔をして、引っ込みがつかなくなる。振り上げた拳が下ろせなくなるのです。その結果、間違いだとわかっている自分の主張を、頑迷に押し通そうとすることになる。苦しい姿です。しかし、考えてみてください。自分の間違いを素直に認めることは、恥ずかしいことでしょうか。それほど体面にかかわることなのですか。もし、「そうですね。あなたのいうことのほうが正しいですね。ぼくの意見は間違っていました。いやぁ、いい勉強になりました」

そういう人がいたら、その人に対してどんな印象をもつでしょう。体面を潰してみっともない、と思いますか。逆に潔くてさわやかな人という印象をもつと思うのです。

『論語』も良寛さんをあと押ししています。

「過ちては改むるに憚ることなかれ」

「過ちて改めざる、これを過ちという」

言葉とがめ

相手のいったことの言葉じりをとらえてあげつらうのはやめましょう

文章などの書き言葉は、一度書いたものを読み返して推敲したり、別の表現に改めたりすることができます。人の目に触れるのはその作業を経てからです。一方、話したことはそのまま人の耳に入ってしまう。

もちろん、いい直しはできますが、前にいったことをいわなかったことにはできないわけです。そこをついてくる人がいます。

「この間はほんとうに腹が立ったね。あれがまさに〝怒り心頭に達する〟というやつだよ」

ここで待ったがかかります。もう、おわかりですね。激怒することを示す表現は「怒り心頭に発する」で、「達する」ではありません。それをさりげなく修正するのはいいのです。

表現を間違えて覚えていることはままあることですから、「達するじゃなくて、発するね」とだけいえば、相手も、「そうなんだ。達するだとばかり思っていた。いってくれてよかったよ」ということになるものです。

しかし、それでは気がすまないタイプもいる。

「達するじゃないよ。発するだよ。いままでそう思っていたの？　恥ずかしい〜。うろ覚えのまま言葉を使うなんてよくそんなことができるね。信じられない……」

揚げ足とりです。これは、いわれた本人がひどく面目を失うばかりでなく、その場に居合わせた人たちを嫌な気分にさせます。いいことはひとつもないのですから、やめるのがいちばんです。

物知り顔にいう

いかにも知っているといわんばかりの話し方は顰蹙ものです

蘊蓄は会話に彩りを添えるといういい方ができるかもしれません。音楽の話をしていて、話題がある曲におよんだとき、誰かがその曲が生まれた際のちょっとしたエピソードを紹介したら、一同、「へぇ〜、そんなことがあったんだ。いい話だなぁ」と感じ入ったりすることはあると思うのです。

しかし、それも程度問題です。作詞者、作曲者はもちろん、オリジナル歌手やカバーしているアーティスト、(英語の曲の場合) 歌詞の内容まで逐一翻訳して話し出したら、それは過剰というものでしょう。

周囲は鼻白まずにはいません。

「ちょっと待った！　この場はその曲の研究会じゃないし、おまえの独演会でもないんだよ。その〝ご高説〟、いったいいつまでつづけるつもり？」

おそらく、それがその場にいる人に共通した思いです。サラリと小出しにする。蘊蓄を披露するときに心得ておきたいのがそのことです。程度を越えると、知識をひけらかしているとしか受けとられませんし、嫌みが前面に出てきてしまいます。

周囲が大うけの独演会なら歓迎ですが、この種の独演会はもっとも敬遠されるということを知っておきましょう。

注意が必要なのは、話題が自分が一家言もっていることに移ったときです。いいたいことは山ほどあるでしょうから、思わず、知らず、長広舌になりがちなのです。「危ない！　ここはサラリと小出しだ」。そこに思いをいたし、手綱ならぬ、舌の根を引き締めましょう。

さしたることもなきことをこまごまという

どうでもいいことをクドクドいうのは〝時間泥棒〟です

ものごとには核になる部分、いわば木の幹にあたるところと枝葉末節の部分があります。その違いをはっきり認識しておくことは、話しをするうえでも大切だと思います。

仕事上の会議でも、まず固めなければいけないのは、プロジェクトならプロジェクトの基本方針でしょう。それを論じているときに、こまかな技術論的なことを持ち出し、延々としゃべるのは傍迷惑以外のなにものでもありません。

貴重な時間を使って会議をしているのに、その場の空気が読めず、時間を盗んでいるようなものだといっていいでしょう。こんな言葉があります。

「着眼大局、着手小局」

中国の儒家・荀子の言葉ですが、まず、広い視野に立ってものごとの全体をとらえ、そののち、目の前のこまごましたことから実践する、という意味です。この順序を違えてはいけません。

プライベートでも、友人同士で旅のプランを練っているときに、全体のスケジュールがまだ決まらないうちに、「ホテルはさぁ、ここがいいんじゃないかな。レストランもたくさんあるみたいだし……。あれっ、この和風旅館もいいかな。部屋に露天風呂付きだぜ。ほら、ほら、見てごらんよ……」などとしゃべりつづけたりしていませんか。

周囲の迷惑顔を意識しましょう。どんなタイミングで、どういう話をするか、ということを心得ていないと、話全体の流れを崩してしまいます。くれぐれも〝時を盗むことなかれ〟です。

見ること聞くことをつひとつという

自分が見聞きしたことを全部話す必要はありません

ことがなんであれ、その〝目撃者〟になることは、ある種の優越感につながるのかもしれません。そこで、少しばかり、得意になって、あるいは上から目線で、目撃した内容の細部まで話したくなるのでしょう。

もちろん、それがみんなの興味のあることで、楽しくなったり、おもしろがったりできるものであればいいのです。たとえば、釣り好きが集まった場で、自分が目撃した釣りの〝初心者〟とおぼしき人の悪戦苦闘ぶりを話すといったケース。

「餌をつけるのに一〇分、いや、一五分はかかっていたかな。それから竿を振ったのだけれど、これがぜんぜん飛ばなくて、目の前にポチャン……」

これなら、みんなも「自分も最初はそうだった。で、それから、それから、どうなったの？」と話を促しもするでしょう。しかし、釣りにまったく興味がない人を前に同じ話をしても、おもしろくもなんともない。場がシラけるばかりです。

また、災害や事故の現場、火災現場などでの目撃譚(もくげきたん)はどうでしょうか。そこには被災者や被害者がいる。二〇一一年に起きた東日本大震災の記憶は、日本人のなかからけっして消えることはありませんが、それを目撃した人の微に入り細を穿った現場の話を聞きたいと思う人はいないでしょう。

目撃者が感じる優越感は、ときに限度を超えて舌をなめらかにしてしまうことがある。そのことは知っておきましょう。節度のある話し手として必須の条件です。

48

説法の上手下手

話がうまい、へたを評論するのは愚かなことです

評論家になるのはおよしなさい。良寛さんのこの戒はそれをいってるのだ、とわたしは解釈しています。評論家の特徴は、あれこれ批判や指摘はするものの、自分ではやらない、できない、ということではないでしょうか。

もちろん、すぐれた評論があることは承知していますが、おおまかにいって、こき下ろしを得意とするような評論家は、その特徴が顕著です。文学作品を散々にけなす評論家が、自分で何か一編でも文学作品を書けるかといったら、書けるわけがないのです。

話し方にもうまい、へたがあります。思わず、「うまい！」と唸らされる名手もいれば、どうも要領を得ないという話し手もいます。その巧拙を論じることは誰でも簡単にできます。評論家になるのは容易いのです。しかし、それで何か得るものがあるでしょうか。

人の話しぶりは〝教材〟になります。巧みな話し手であれば、何がそう感じさせるのかを考えてみる。それは、言葉の選び方であったり、語り口であったり、間のとり方であったりするでしょう。

気づいて、学べる点はいくつもあるはずです。稚拙な話し方からも同じように、気づいて、学べばいいのです。

「そうか、話し方が一本調子でメリハリがないんだな。やっぱり、メリハリは大事なんだ。自分が話すときには注意しよう」

すぐれた教材になるではありませんか。「なんだよ。へたな話だな」などと論じているのとは決定的に違います。

良寛さんの戒語 49

役人のよしあし

行政にかかわる人をいい、悪い、といっても始まりません

「お役所仕事」について『大辞林』はこう説明しています。

「形式主義に流れ、不親切で非能率的な役所の仕事ぶりを非難していう語」

みごとな表現というところでしょうか。役所に行って、たらい回しにされた、あまりに杓子定規で腹が立った、という経験がある人は少なくないのではないか、と想像します。


役人は公僕ですから、本来、誠心誠意、国民のためを思い、国民に尽くすのが職務のはずです。しかし、現在のシステムは、上意下達であり、完全な縦割りになっています。かりに本来の職務に忠実であろうとする役人がいたとしても、そうすることができないのが実情なのではないでしょうか。

しかも、役所は許認可権を握っていますから、国民の側も表立ってものをいいにくい。苦々しい思いを抱えつつ、許可をいただくために、その態度を受け容れざるを得ない、という構造になっているのです。

禅はどうにもならないことは「放っておきなさい」と教えています。そういうものだと割りきってしまえば、そうそう腹を立てることもなくなる。立て甲斐のない腹は立てないのがいいのです。

ただし、打つ手は打っていくべきでしょう。役人を監督しているのは政治家です。そして、政治家を選ぶのは国民です。大臣の椅子ではなく、国民のほうを向いている政治家を一人でも多く国会に送る。

それが行政の在り方を変えることになりますし、変えるにはその方法しかないのです。迂遠な道ではありますが、一歩ずつ、進めていきましょう。

よくものの講釈をしたがる

知識や知恵の〝押し売り〟はうっとうしいものです

知識や知恵は自分で独り占めするのではなく、周囲にも惜しみなく伝え、また、次世代にも申し送りするのがほんとうだと思います。しかし、それにも守るべきルールといったものがあります。

たとえば、会社の部下や後輩に仕事の相談をされたときは、ピンポイントのアドバイスにとどめるというのがそれです。あれこれつけ加えるのはうっとうしいですし、かえってポイントがズレてしまいます。

「この企画書ならビジュアル化できるものはしたほうがいいね」

自分の経験や知識をもとに、そんな端的なアドバイスをするのならいいのですが、ついつい歯止めがきかなくなることがあるので、そこは十分に注意することです。

「ビジュアル化はしたほうがいいね。（そもそも、企画書というものはだな。まず、テーマがあるだろう。それをいかに強く訴えることができるかが勝負なんだ。そのためには……）」

（　）内は不要です。〝そもそも論〟は総花的になりやすく、具体性を欠くことになりがちなのです。聞いている側は、長々と話を聞かされただけで、いっこうに要点がわからないということにもなる。

「俺たちの若い頃はな～」。これもだめです。時代が変われば、仕事の環境も変わりますし、取り組み方も違ったものになります。古びた〝時代論〟は、経験の押し売りでしかない。ほとんど役には立ちません。

時代感覚とピンポイント。この二つのキーワード、忘れないでください。

第4章
老若男女、知らず知らずにクセが出るもの

良寛さんの自戒20話

51 子どものこしゃくなる

生意気で癪（しゃく）にさわる話し方をする子どもはいかがなものでしょう

天真爛漫という言葉は子どもを象徴するものといっていいでしょう。その言葉どおり、元気に伸び伸びと育ってくれるのが親の願いでもあります。しかし、最近の子どもたちは情報化社会を背景に、小さい頃からインターネットなどとも親しんでいますから、かつてとは知識量が格段に違いますし、語彙もケタ違いに豊富です。

そうした時代の状況と持ち前の天真爛漫さとが相まって、大人の神経を逆なでするような話し方をする子どももいるでしょう。しかし、そこで頭ごなしに、「子どもがそんな生意気なことをいうんじゃない！」と叱りつけるのはどうでしょうか。

たしかに、叱られたら、その〝怖い大人〟の前では同じ口はきかなくなるかもしれません。しかし、それが子どもにはふさわしくない話し方、言葉づかいだということはわかっていませんから、別なところでは同じ発言をすることは十分に考えられます。

ここで大事なのは「諭す」という姿勢でしょう。「大人のくせに愚図だなぁ」。かりにそんないい方を耳にしたら、たとえば、こんなふうに諭す。

「愚図という意味をちゃんと調べてごらん。そして、大人の人にそういういい方をしていいのかどうか、よく考えてみなさい」

自分で辞書にあたって意味を調べたら、そう安易には使えなくなると思うのです。叱るのは簡単ですが、諭すのは面倒くさい。しかし、後者が大人としての対応であることもたしかなのです。

52

老人のくどき

同じことをクドクドというのは
老人の困ったところです

歳をとるということはそのぶん経験を積んできたということです。経験のなかにはとくに深く印象に刻まれているものもあるでしょう。お年寄りと話していて、何度も出てくるのが、そんな経験にまつわる話です。

聞く側にしてみれば、「また、その話ですか」という思いにもなるのですが、お年寄りの立場になってみると、社会とのかかわりも薄くなって、アップトゥデートな情報にも疎くなれば、鮮明に残っている記憶をいつも話題にするのは、困ったところではあっても、一面、仕方がないことなのかもしれません。

そのことを思えば、にべもなく、「もう、同じ話を何度も、何度も、くどいなぁ」と突き放してしまうのは、忍びない気がしませんか。なかにはそういう傾向があることを自覚しているお年寄りもいます。

「ああ、また、長々と同じ話をしてしまいましたね。くどかったでしょう。申し訳ありませんね」

そんなふうにおっしゃる方がいるのです。こんな言葉があります。

「年寄り笑うな、行く道だもの」

そう、いずれは誰もがそんな時期を迎えるのです。もちろん、「クドクドと話す老人にはなるまい」と自壊しておくことは必要でしょう。しかし、そのことと同時に、時間があるときは、〝老人のくどき〟にもつきあってあげよう、という寛容さをもっていいのではないでしょうか。

老若男女が混在しているのが世の中です。老いと若きがおたがいに歩み寄る、という姿勢が風通しをよくします。

若いものの無駄話

いつもいつも延々と世間話ばかりするのは時間の無駄です

最近の若い世代はよくおしゃべりをします。話題はさまざまなのだと思いますが、いわゆる世間話を飽きもせず、何時間でもしている。

その場は賑やかに盛り上がって楽しげではあるのですが、その世間話のなかに、何か触発されるものとか、自分を見つめることにつながるものとか、があるのでしょうか。

世間話がいけないというつもりは毛頭ないのです。他愛ない話をしてふっと息抜きをしたり、笑い転げてストレスを発散したりすることは、ときには必要でしょう。

しかし、あまりに長い時間をそんなふうにして費やすのは、やはり、時間の無駄だという印象を拭えません。その場がお開きになって、それぞれが家に戻ったときには、話し疲れて気力も体力も消耗し、何をする気にもなれず、ただ、ダラダラと過ごすというのでは、「そんなことでよいのですか？」と疑問のひとつも呈したくなります。

一人になって静かに自分のこれまでを、また、これから先を見つめてみる。尊敬できる先輩に会って仕事の経験を話してもらう。心から信頼できる親友と本音で語り合う……。

そんな時間はきっと、自分を一歩でも二歩でも前に進ませてくれると思うのです。時間は有限です。しかも、「光陰矢の如し」、あっという間に過ぎ去ってしまいます。

「わかいものたちよ、時間を無駄にしなさんな」。そんな良寛さんの声が聞こえませんか。

仕方話

身ぶり手ぶりを交えると話が大袈裟に聞こえがちです

日本人と外国人では話しているときの様子にはっきりした違いがあるように思います。日本人は手や身体をあまり大きく動かすことはしませんが、外国人は身ぶり手ぶりを総動員して話すという印象です。

プレゼンテーションでも、日本人の場合は片手でマイクを持ち、主に声の抑揚や間で説得力を高めようとするのに対して、外国人はインカムをつけ、フリーになった両手を最大限に活用して、クライアントに訴えかけます。

その差は民族性や文化の違いによるものでしょう。外国人にとっては身ぶり手ぶりも話す技術の一部なのです．しかし、日本人が同じようにすると、これは少し違和感がありそうです。

「あの手の動きがなんかせわしなくて目障りだね。もうちょっと落ち着いて話したらどうなんだ」

身ぶり手ぶりに落ち着きのなさを感じるという人は少なくないのではないでしょうか。もうひとつ残念なのは、身ぶり手ぶりを過剰に交えることで、話が大袈裟に聞こえてしまうことです。

身ぶり手ぶりを交えるのは、熱っぽく語りたい、インパクトを与えたい、臨場感を出したい、ダイナミックに伝えたい……といった思いからでしょう。しかし、たいがいの場合、かえって逆効果です。

「それはいくらなんでもオーバーでしょう。この話はかなり割り引いて聞かないといけないぞ」

せっかくの〝大ネタ〟も萎んでしまう結果となります。

55

首をねじりて理屈をいう

首を捻りながらいかにももっともらしく理屈をいうのは不快です

話すときのふるまいも大きく聞く側の印象を変えます。もっともわかりやすいのが「揉み手」かもしれません。話していることは同じでも、揉み手をしながらであったら、「ははぁ〜、この人はずいぶんおもねっているな」と受けとるものです。ここで良寛さんが戒めているのは、首を捻るというふるまいです。その場面をイメージしてみてください。「う〜ん、それはねぇ……」。語られる理屈の前にそんな台詞がつきそうです。

いかにも〝もっともらしい〟〝もったいをつけている〟。そんな感じがしませんか。けっしていい印象はもてませんね。このふるまいが相手に与えるメッセージはいくつかありそうです。

「なんだ、そんなこともわからないのか。じゃあ、ぼくが説明してあげるから、よく聞きなさいよ」

「みんなあれこれ理屈をいっているけれど、そうじゃないんだよ。これはこれこれ、こういうことなんだ。わかったかな？」

いずれにしても、印象としてはこうです。尊大、傲慢、不遜……。有り体にいってしまえば、〝エラそう〟なのです。誰もが「なるほど、そういうことなのか。さすが理論派。恐れ入りました」という内容なら、まだ、そのふるまいも許容範囲内かもしれませんが、たいした内容でもないことを小難しくいっていることがほとんどですから、不快感しか残りません。

謙虚さにまさるふるまいはない。それを頭の隅に入れておきましょう。

こわいろ

**話しグセのまねは
その人を傷つけることがあります**

人には少なからず話すときのクセがあります。よく知られているのが、故・田中角栄元首相の「まぁ、そのぉ」でしょう。これはお笑い芸人さんたちが、盛んにまねをしてウケをとったものです。

みんなが楽しくなり、まねをされている本人も笑って受けとめるようなものならいいのですが、まねもひとつ間違えれば人を傷つけることになります。典型的なのが子どもが吃音(きつおん)の子のまねをするケースでしょう。

子どもの無邪気さは残酷さを孕んでいますから、そうしたことが起きるのだと思いますが、いうまでもなく、これは絶対にあってはならないこと、厳に戒めるべきことです。

方言もまねの対象になることがあります。同じ言葉でも地方によってイントネーションが違います。その違いをことさら強調するようなまねは、からかいととられかねませんから注意が必要です。

もっとも、親愛の意味合いからするまねとからかってするまねの線引きは難しいところかもしれません。これはまねをされている人の様子、雰囲気で判断するより仕方がありません。そこから思いを汲みとる眼力が求められるといっていいでしょう。

まねといえば、二〇一八年の平昌五輪で銅メダルに輝いた女子カーリング日本代表チームの「そだね～（北海道の方言）」は、日本列島総まね現象を起こし、同年の流行語大賞にもなりました。いう側も聞く側もほんわかほのぼのとした気分になった。まねの〝極意〟がそこにあるという気がします。

57

ひきごとの違う

引用、たとえ話も的外れだと恥ずかしいものです

話のなかによく知られている文言（一文）やたとえ話を盛り込むと、わかりやすさがグンと増します。一例をあげれば、何かのミーティングの最後を、

「みなさん、お手元のペットボトルは必ず持ち帰ってください。

〝立つ鳥跡を濁さず〟でいきましょう」

という言葉で締める。これでペットボトルを会場に置いたまま帰る人はいないはずです。一方、引用が的を外していると、気の利いたことをいったつもりが、一転、恥

ずかしいことになります。

「彼がいっていることは筋が通らない。こじつけもいいところじゃないか。まさしく〝噴飯物(ふんぱんもの)〟だよ」

いっている人は「なんとも腹立たしい」という意味で〝噴飯物〟を引いているのでしょう。しかし、噴飯物とは、笑いを堪えきれずに口に入れたごはんを噴き出してしまう、ということで、正しい意味は「あまりにばかばかしく、思わず笑ってしまう。おかしくてたまらない」ということなのです。

いみじくも、話している当人が噴飯物の一幕を演じてしまっている図です。案外、意味をまるでとり違えて覚えてしまっていることは多いもの。引用する前の確認は必須事項でしょう。

たとえ話も、「たとえていえば、〇〇みたいなものですね」といったところ、「えっ、なに、そのたとえ⁉　ぜんぜん違うじゃない」ということが、けっこうあるものです。

安易な引用、たとえは墓穴を掘ります。

58 口をすぼめて物いう

口をとがらせていうと
得意げにも不満げにも見えます

これも話しグセに加えたほうがいいかもしれませんが、いつも口をとがらせて物をいう人がいます。クセですから、自分では気づいていない、意識はしていない、ということが多いのでしょう。しかし、それが周囲にどう映るかを考えたことがあるでしょうか。

子どもの話し方にそのヒントがあります。子どもが口をとがらせて話すのはこんなときです。

「ねぇ、ねぇ、聞いて、聞いて。この前の算数のテスト一〇〇点だったよ！」

そう、自分のしたことを自慢したいとき、知らず知らずのうちに、口をとがらせた話し方になるのです。そして、もうひとつのシチュエーションがこれでしょう。

「なんでゲームをしちゃいけないの？　宿題だってちゃんとやったのに……」

こちらは不満を感じているときです。そこで結論。口をとがらせた話し方は、得意げに見えたり、不満げに見えたりするのです。

子どもの場合は、そんな心情が話し方にあらわれても、

「わかりやすいなぁ。子どもらしくて、可愛いじゃないか」

という受けとめられ方をするのだと思います。しかし、大人はそうはいきません。感情のコントロールがきかない〝未熟さ〟を感じさせてしまうのではないでしょうか。

感情を露わにしない節度は大人の証です。

押しの強き

何がなんでも自分の主張を譲らない人は敬遠されます

自分の主張を貫くことは大切です。しかし、〝何がなんでも〟ということになると、周囲から一人浮くことになります。いちばん困るのは自分の立場が強いことを背景に主張を押しつけるケースでしょう。

ワンマン経営者や下請け業者に対する傲慢な発注元がそうですが、主張は通っても、そこにあるのは面従腹背(めんじゅうふくはい)の構図ですから、うまくいかない事態になれば、周囲はいっせいに離れていきます。

押しの強さの唯一の支えであった権力（強力な立場）が危うくなるわけですから、いわゆる「クモの子を散らすように逃げていく」という顛末となるのは、当然といっていいでしょう。

自分の主張が完全無欠であるということなどないのです。自分とは違う主張にも必ず一理があります。それを認めることは、けっして敵（相手）の軍門に降ることではありません。

むしろ、相手を受け容れることによって、自分の主張の不備が補強されることのほうがはるかに多いのではないでしょうか。

「なるほど。たしかにその点はあなたのおっしゃるとおりですね。それでは、それを取り入れるかたちで、こんなふうにしたらどうでしょうか？」

これが一致協力体制をつくり出す話し方です。どれほど高い能力があっても、自分一人でできることには限界があります。和（調和）がそれを越えていきます。押すべきは押し、譲るべきは譲る。そのバランス感覚がないと、孤立の道をたどります。

めずらしき話の重なる

めったにない話でも
何度も何度も繰り返すのは考えものです

自分が見聞きした〝とっておきの話〟は誰かに話したくなるのが、いってみれば、人の習いです。数奇な体験、オカルトめいたできごと、遭遇した天変地異の実感、映画の一シーンのような場面、著名人との思わぬ出会い……。

とっておきの中身はいろいろ考えられますが、これは聞く側にとっても興味津々、耳をそばだてたくなるに違いありません。しかし、それも度を超えてたび重なると、新鮮みを失い、今度は耳障りになってきます。話は〝珍度〟より、〝鮮度〟です。

ところが、話している本人は話し手である自分に注目が集まった〝あの瞬間〟がいつまでも忘れられないのです。その結果、

「ああ、また、彼（彼女）の十八番か。こりゃあ、しばらく時間がかかるぞ。まいったな」

という受けとめられ方になるわけです。ここは自主規制が必要でしょう。十八番はここいちばんというところで披露してこそ、拍手喝采をもって迎えられるのです。

名人といわれた噺家さんには十八番がありました。古今亭志ん生師匠の『火焔太鼓』、桂文楽師匠の『明烏』などがそうだと思いますが、どちらの師匠も持ちネタがいくつもあって、十八番の大盤振舞はしませんでした。むしろ、出し惜しみをしていたフシさえあります。

もって瞑すべし、です。「久しぶりにあの話を聞きたいな。あれ、やってよ」。そんなリクエストが時機到来の合図です。ここは存分に語ってください。

61

息もつきあわせず物いう

一気にまくし立てても
心には届きません

胸にあふれんばかりの思いがあって、誰かにそれを伝えようとするとき、一気にしゃべってしまうということがありませんか。いったん言葉が途切れてしまうと、次の言葉が出てこないような気がするからでしょうか。

その感覚はわからないではありませんが、有効性という点でいえば、残念な結果に終わる公算が高いといえます。

一気にまくし立てられたのでは、相手は言葉を噛みしめることもできませんし、その意味を深く考えてみる余裕もありません。

速射砲のように言葉を浴びせられた気がするばかりで、心の深いところには届いていないということになるのです。

日本には「間」というすぐれた話し方の技法があります。いうまでもなく、言葉が語られない沈黙の時間ですが、それがきわめて重要なのです。間が相手の想像力を掻き立て、その想像力によって、相手は言葉にはならないこちらの思いや心情まで汲みとることができるのです。

沈黙については、禅にこんな言葉があります。

「維摩の一黙、響雷の如し」

維摩は在家ながらとても秀でた仏弟子だった人ですが、その維摩が一瞬沈黙したときには、雷鳴が轟くようなインパクトがあった、ということです。沈黙には濃密な、あるいはパワフルな〝表現力〟があります。

ぜひ、そのことを知ってください。すると、話し方は確実にレベルアップします。

62 品に似合わぬ話（ところに似合わぬ話）

その場にそぐわない話を持ち出すのは差し控えましょう

「ＫＹ」という言葉が盛んに語られたことがありました。知っている人が多いと思いますが、Ｋは「空気」、Ｙは「読めない」で、その場の空気を読めない人のことをいったものです。

深刻な話をしている場では空気も重々しいものになります。発言もその空気にふさわしいものであるべきでしょう。そこでチャチャを入れるような発言をしたり、冗談を差し挟んだりするのは、心得違いというものです。

ただし、話が袋小路に入ってしまったようなときに、停滞した空気を変える意味で、話の流れとは関係なく、「よし、うまいものでも食おう」「ちょっとコーヒーブレイクにするか」「さあ、切り替え、切り替え」……といった発言をするのはかまいません。リフレッシュが必要な場面ですし、そうした発言はリフレッシュにつながるからです。

もちろん、発言のタイミングを読み誤らないこと、短い端的な言葉にとどめることが条件です。

〝場〟にはその空間だけではなく、相手の心の状態も含まれる、とわたしは考えています。たとえば、相手を励まそうとするケースで、通り一遍の「元気を出せよ」「頑張れよ」としかいえないのは、場（心の状態）を読んでいるとはいえないと思うのです。

精いっぱい頑張ってもどうにもならないということもあるのです。その場を読むことができたら、「何もいうな。一杯やりながら、昔話でもするか」といった言葉が出てくる。そのほうが相手はずっと励まされるはずです。

63

口まね

場所を選ばないしゃべり方のまねは感心しません

仕事を終えたあとのビジネスパーソンたちの行動といえば、何人かが連れだって酒場に繰り出し、お酒を酌み交わしながら、憂さを晴らすという場面を思い浮かべる人が少なくないと思います。

その際、格好の酒肴となるのが上司に対する不平不満かもしれません。

「まったく、うちの課長はわかっていないよ。口を開けば『数字をあげろ』しかいわないんだからな。そう簡単に上がるんだったら世話がないってんだ。しかも、あのいい方……」

ここで、俎上にあげている課長の「数字をあげろ」のしゃべり方のまねでもすれば、座はひときわ盛り上がることになります。まあ、日頃のストレスを解消する手立てとして、それも否定しがたいところはあるのですが、そのうえでいえば、しゃべり方をまねして人を揶揄するのは、あまり趣味がいいとはいえないのではないでしょうか。

当人がいないところでの批判の類いは、所詮、陰口でしかないわけです。表現は的確とは思いませんが、陰口には〝負け犬の遠吠え〟的なイメージがつきまといます。しゃべり方のまねはそれを脚色するものでしょう。なんとなくさもしい感じがしませんか。

本人がいる前で堂々としゃべり方をまねて、「おお、うまい！　よくクセを掴んでるなぁ。みごと！」くらいのことを本人にいわしめる。それなら、その場にいる全員がおなかを抱えて笑えますし、座もいっそう和むことになります。良寛さんも、笑って見過ごしてくれそうです。

64

好んで唐言葉(からことば)を使う

無闇にカタカナ(外来)語を使うのは滑稽でしかありません

ここで良寛さんがいう「唐言葉」は外来語のことです。いつ頃からかは定かではありませんが、話のなかに外来語がたくさん登場するようになりました。グローバル化が進んでいることが影響しているのだと思われますが、日本語ほど美しい言語はない、と確信しているわたしとしては、悪しき傾向と断ずるほかはありません。

政治の世界ではマニフェスト(政権公約)、アジェンダ(行動計画)、経済界ではコンプライアンス(法令遵守)、ガバナンス(統治)、一般社会ではレガシー(遺産)、レジェンド（伝説）……。あげていたらキリがありません。

ビジネス用語はなかば記号みたいなものですし、外国人とやりとりする機会も増えてくると思いますから、ふだんから外来語を使っている意味もあるのかもしれません。

しかし、日常語で無闇に使うのはどうでしょうか。そのほうがおしゃれで洗練されている感じがする、という人もいるようですが、おおいに首を傾げたくなります。

「今度の飲み会のアナウンスは早めにするからね。レスポンスもハリーアップで頼むよ。場所はぼくにジャストアイディアがあるんだ……」

要は、飲み会のお知らせは早々にするので、メールの返信も急いでください。場所についてはちょっと思いついたお店があります、ということなのですが、これ、おしゃれですか。わたしには滑稽としか思えないのですが、みなさんのジャッジ、ではなく、判定はいかがでしょう。

65 田舎者の江戸言葉

地方出身者が東京弁（標準語）に染まってしまうのはいかがなものでしょう

長い期間にわたって、テレビやラジオといった主要メディアで標準語が使われているため、いまはどの地方の出身者も標準語を話すようになっています。首都圏についていえば、ビジネスの共用語は標準語ですから、あえてお国言葉を使う必要はないですね。

しかし、日本人にとって日本語が母国語であるように、自分が生まれた地方の言葉もその人にとって母なる言葉なのです。その意味は、まず、最初にそのお国言葉を覚え、その言葉のなかで育まれ、その言葉でものごとを考え、それによってコミュニケーションをとってきた、という事実が、その人にとってのいわば〝原体験〟である、ということです。

ですから、良寛さんのこの戒は、

「その原体験を忘れなさんな。お国言葉を大切にしなくてはいかんよ」

ということなのでしょう。もっとも、長く東京暮らしをしている人も、生まれ故郷の土を踏んで、そこで暮らしている友人たちと会うと、瞬時にお国言葉に戻るといいますし、東京弁を使いつづけようものなら、とたんに、

「おまえ、なに気取ってるの。おまえに東京弁は似合わん！」

とダメ出しされることにもなるのでしょう。

また、東京にいても、郷里の両親などから電話が入ると、自然にお国言葉で応対するとも聞きますから、ここは、良寛さんのご懸念にはおよばないのかもしれません。お国言葉はその人の血流の本筋です。いつまでも大切に守っていきましょう。

66

都言葉など覚えて、したり顔にいう

優雅で美しい言葉を得意になって話すより、まず、することがあるでしょう

「都言葉」は当時都であった京都の人たちが使っていた「京言葉」のことでしょう。雅でたおやか、ひびきも美しく、やわらかい、というあたりがその特徴といっていいのではないでしょうか。

いまは京言葉に対する憧れも「覚えて、話したい」というほどではないと思いますが、良寛さんの時代の憧れはそうしたいくらいに〝熱狂的〟なレベルのものであったのかもしれません。

それはともかく、ここでは「都言葉」を「上品で美しい言葉づかい」と解釈して話を進めていきましょう。もちろん、そのような話し方をする人は、とても素敵ですし、十分に魅力的です。

しかし、表面的に話し方をそうしたところで、何かよいことがあるでしょうか。付け焼き刃はすぐに剥がれてしまうのが常です。

「話し方だけ聞いていると、誰もが憧れをもつと思うけれど、あのふるまいじゃあ、言葉と行動が完全にミスマッチだよ」

となることは必定です。禅に「三業(さんごう)を整える」という言葉があります。身業(しんごう)（ふるまい）、口業(くごう)（発言）、意業(いごう)（心）がその三業ですが、この三つはおたがいに深くかかわり合っています。

つまり、ふるまいを美しくすれば、言葉づかいも美しくなり、心も清々しいものになる、と禅では考えるのです。もう、いわずもがな、ですね。言葉づかいだけ美しく装ってもだめなのです。まず、ふるまいを正しく、美しいものにする。注力すべきはそこです。

67 よく知らぬことを憚(はばか)りなくいう

ロクに知りもしないことを大威張りでいうのは恥ずかしいことです

何人かで話していて寂しさを覚えるのは、みんなの話題についていけないときでしょう。一人だけポツンと取り残されたような気分になりますし、ついていけない自分を見るみんなの視線も気になるところです。

「あいつ、こんなことも知らないのか!」

そう見られていやしないか。ここは巻き返さなきゃいけない。そんな思いに突き上げられて、聞きかじっただけの知識で話題に参入したりすることがあるのではないでしょうか。

しかし、悲しいかな、〝浅知恵〟はすぐにも馬脚をあらわす結果となります。大演説をぶってはみたものの、みんなの視線はさらに冷たい。

「そういうレベルの話をしているんじゃないんだよな。知らないのなら、そういえばいいのに……。無理して背伸びしているのがミエミエだよ」

口に出してはいわなくても、みんながそう感じているのがありあり、ということになったりするわけです。

あらゆることに精通している人などいないのですから、知らないことがあって当たり前。恥ずかしいことでもなんでもありません。ここは素直になるのがいちばんです。

「ぼくはその世界はまったく不案内でさ。いい機会だから、少し勉強してみるかな」

そんな対応なら、みんなも大歓迎。入門のための知恵をいくらでも貸してくれるでしょう。まさしく、〝聞くは一時の恥、聞かぬは〜〟です。

68

寝入りたる人をあわただしく起こす

せっかく寝ている人を無理に起こすのは大迷惑です

日々の暮らしのなかで〝とびきり〟の経験をすることがあります。それは、うれしかったり、誇らしかったり、喜びをもたらしてくれるものであったり、することもあるでしょうし、反対につらかったり、悲しかったり、苦しかったり、するものであることもあると思います。

どちらにしても、心を大きく揺り動かすことがあると、それを話したいという衝動に駆られます。それもいち早く話したくなる。

会社で大きなプロジェクトのメンバーに大抜擢された。祝杯をあげて帰宅すると、家人はもう寝ている。しかし、その喜びをすぐにでも共有してもらいたい。そこで、「ちょっと起きないか。話があるんだ。いい話だから、聞いてもらいたいんだよ。そんなに時間はかからないから……」

せっかく寝入っている家人を起こすことになったりする。眠りを妨げられたら、誰でも機嫌が悪くなります。そんな状態で喜びを共有してもらおうとしたって、応えてくれるはずがありません。

せいぜいのところ、「よかったわね！」とぶっきらぼうな返答があるくらいでしょう。朝までそっと寝かせてあげて、十分睡眠をとったところで話せば、

「あら、すごいじゃない！　やりがいがあるわね。しっかり頑張ってね。後方支援はまかせておいて……」

ということにもなるのです。心の底から喜びを分かち合ってくれる。さあ、どちらを選びますか。

69 聞き取り話

人から聞いただけのことをさも事実であるかのように話してはいけません

情報は精度、確度が命です。それを担保するためには、自分で確認するというプロセスを踏むことが不可欠です。俗な言葉でいえば〝ウラをとる〟ということです。

しかし、案外、このプロセスをはしょってしまうことがある。人から聞いた情報、つまり、また聞き情報を自分が確認した事実であるかのように話してしまうわけです。

「A社のこと知っている？　資金繰りがかなり厳しい状態なんだ」

そんな情報を聞きつけ、確認せずに上司に報告する。もちろん、情報源を明らかにして、「〇〇さんによると〜」と前置きすればいいのですが、往々にしてこんなことになりがち。

「部長、Ａ社が危ないです。資金繰りのメドが立たなくて、もう立ちゆかない状態なんです」

また聞き情報には自分の主観や想像、思い込みが紛れ込みます。ここでも、〝資金繰りがかなり厳しい〞が〝資金繰りのメドが立たず、もう立ちゆかない〞ということになっている。情報は大幅に〝修正〞が加えられ、精度も確度も欠いています。

この情報を真に受けた上司が、それをもとに動けば、仕事に支障をきたすことは明らかでしょう。Ａ社は難局を乗りきったのに、先走って取り引きを断ってしまい、結果的に大きな損失を被る、といったことも起こり得るのです。

また聞き情報の扱いは慎重にしなければいけません。

70 人に会って都合よく取り繕(つくろ)っていう

相手に合わせてその場で都合のよい話をするのは誤りです

人の話をよく聞くことは大切です。しかし、そのことと何でもかでも人のいうことに同調することとは違います。

「おっしゃるとおり。さすがにいいことをおっしゃいますね。まったく、同感です」そんな受け答えをされれば、相手の機嫌は上々ということになるでしょう。もちろん、嘘偽りなくそう感じているのならいいのです。しかし、相手の不興を買うことを怖れて、もっといえば、相手に気に入ってもらおうとして、心とは裏腹であるにもかかわらず、都合よく話を合わせていると、結局、自分で自分のクビを絞めることになると思うのです。

必ず、辻褄が合わなくなる。

「この間、彼と会って話したのですが、ぼくのプランに全面的に賛成してくれましてね」

「例のあなたのプランですか？　あれっ、おかしいですね。○○さんといっしょのときは、彼のプランを絶賛していましたよ」

早晩、そんな事態が起こります。ここから先の展開は誰でも読めるところでしょう。ほどなく、〝調子がいいだけで、信用できない人間〟というレッテルが貼られることになります。

四方八方から不評を買い、誰からも相手にされなくなるのですから、あまりにツケが大きいといわざるを得ません。「八方美人」の行く末は「四面楚歌」だということを知っておきましょう。

第5章 良寛さんの自戒20話

「伝え方」ひとつでいい結果に変わる

71 間のきれぬように物いう

とめどない話は聞いているほうが疲れます

巧みな話し方をいう「流暢」という言葉があります。言葉がとどまることがない、なめらかな話し方ですが、これが耳に心地よく入ってくるのは、流れるような口調にもメリハリがあるからです。

一方、流暢とは似て非なるものが、良寛さんのいう〝間のきれぬような〟話し方でしょう。現代語にすれば〝とめどない〟ということになるでしょうか。こちらはメリハリもなく、ただただ言葉が連ねられます。

端的にいえば、単調にして平板。ですから、聞いているほうは飽き飽きして疲れますし、話の中身がまったく心に残らないのです。

わたしはときどき講演をさせていただきます。その際に常に意識しているのは、聴いてくださる方の反応です。「興味を感じていただけたな」という箇所があったら、そこを掘り下げてお話しさせていただくのです。

あらかじめ全体のおおまかな話の流れは頭に入れておくのですが、そのときどきによって聴衆は違いますから、掘り下げる箇所はその都度違ってくるのです。これもメリハリです。

会話も同じでしょう。相手の反応はおかまいなしで、自分が話したいことをペラペラとしゃべっても、相手が楽しいはずがありませんし、いいたいことも伝わりません。ところどころで間を置いて、反応を見定めながら、「ここだ」と感じたところは、口調や言葉も工夫して、熱っぽくたたみかけていく。それも話を伝える妙手だと思っています。

72 わざと無造作にいう

大事なことをあえてこともなげにいうのは感じが悪いものです

話し方は人によってそれぞれに個性的です。やさしい物いいをする人もいれば、つっけんどんに話す人もいる。つきあっていくうちに相手もそんな個性を理解し、受け容れてくれるでしょうから、礼を失しなければ、それも〝らしさ〟の範囲でしょう。

感じが悪いのは話し方に作為が見えるときです。無造作に、こともなげに話すのも個性ですから、それ自体に問題はありませんが、そこに作為、わざとらしさが見え隠れすると、印象はずいぶん違ってきます。

たとえば、恋人からこんないい方をされたらどうでしょう。

「あっ、そうそう、俺、会社辞めたから」

退職は人生の一大事です。ことのついでにいうことでも、軽々しく口にすることでもないでしょう。恋人に対しては、その経緯や自分の思い、今後の身の処し方など、説明する必要があることが山ほどあるはずです。

これでは相手は唖然として、二の句を告げなくなりますし、どう考えても、あえてこともなげにいっている、という作為が見えてしまいます。ひどく感じが悪い。

作為の背景にあるのは、「俺には退職などたいしたことじゃない。転職先は引く手あまただ」という強がり、思い上がりではないでしょうか。いってしまえば、大物ぶっているのです。

素直になりましょう。大事なことはそれにふさわしいいい方で話す。良寛さんはいっています。「そんなに無理しなさんな。肩ひじ張ってもしょうもないよ」。

貴人に対してあ、致しまする

大切な人に軽々に「～します」といってはいけません

誰にでも師と仰ぐ人、尊敬する人、敬愛してやまない人がいるのではないでしょうか。そうした人との対応は、心配りを十分にした丁重なものになるはずです。

注意が必要なのは何かを依頼されたときです。「何を措いても、この人の依頼には応えたい」。それが偽らざる気持ちでしょう。しかし、じつはそこに落とし穴があります。

「娘が結婚することになってね。ついては君に披露宴の司会をお願いしたいのだが、引き受けてもらえるだろうか？」

　ここは二つ返事で、「もちろんです。僭越ですが、ぜひ、つとめさせていただきます」と答えたいところですが、それは少し早計というものです。正しい対応はこうです。

「ありがとうございます。明日一日だけお時間をいただけますでしょうか？　明後日に返事をさせていただきます」

　猶予の一日の間にするのはもちろん根まわし。当日に予定が入らないよう、「〇月〇日は休暇をとります」と会社や仕事先に前もって申し出ておくのです。それをしておかないと、突発的に重要案件が入って、〝つとめ〟をはたせなくなるということも考えられないではありません。

　相手は失望しますし、混乱を招くことにもなります。大切な人だからこそ、準備は幾重にも周到にしておくことです。根まわしのための一日、忘れると落とし穴にはまります。

学者臭き話

対話は〝講義〟ではありません

「〜然とした」という表現があります。「いかにも〜のような」ということですから、「学者然とした」といえば、いかにも学者のような、ということになります。時折、そんな話し方をする人を目にします。

学者、とりわけ教壇に立つ学者は、学生を教えるのが仕事です。その位置関係には、〝教える〟側と〝教えられる〟側という、厳然たる区分けがあるわけです。それが身についていると、通常の対話でも無意識のうちに、教える側の位置に立って話すことになったりする。

一方的に、少々、上から目線で話す、というのがそれです。対話相手は教えられる側ではありませんから、いい気分がしないでしょう。「あなたに、教え、諭される筋合いはない」というわけです。

理詰めの語り口も学者の特徴かもしれません。講義であれば、理詰めに展開するのも当然ですが、日常の対話でこれをやられたら、窮屈でしかたがないのではないでしょうか。

ユーモアやウイット、冗談や軽口……といった〝あそび〟がない対話ほど無味乾燥でおもしろみのないものはありません。この頃は笑いを誘ったり、どっと湧かせたりする巧みな講義の話術を心得ていて、学生たちに大人気の学者もいるようです。

現場の学者も様変わりしているのですから、学者然とした方々も、そろそろ話し方を変える頃合いかもしれません。古色蒼然たる学者臭は、ただちに払拭しましょう。

75

悟り臭き話

大悟していないのに悟ったかのような話しぶりは鼻につきます

大悟とはきわめて高い心の境地に達しているということです。良寛さんは間違いなくその境地におられた方です。しかし、いうまでもありませんが、悟り臭さからはもっとも遠くで、清貧のうちに、泰然とかまえ、恬淡として生きた禅僧でありました。

さて、そんな良寛さんに強く戒められそうなのが、自分はいかにもものごとの本質、真髄がわかっている、といった話し方をする人でしょう。

「人生なんて、所詮、一幕の茶番劇だよ」

ニヒル、シニカルといえば、そういえるのかもしれませんが、こんな台詞をまだまだ人生なかばの人が吐いたら、相当鼻につきますし、その斜にかまえた姿勢は好きになれそうもありません。

「露と落ち　露と消えにし　わが身かな　浪速のことは　夢のまた夢」

豊臣秀吉の辞世とされる（違ったいいまわしもあり）ものですが、人生の終焉を眼前に見据えて詠んだから、悟り臭さを感じさせず、儚さも素直に伝わってくるのです。先の例とは明らかに違います。

総じて「～なんて」といういい方は、悟り臭き話につながります。恋愛なんて、結婚なんて、友情なんて、世の中なんて……。禅には「悟臭」という言葉があります。さも悟っているぞ、といわんばかりの言動のことですが、禅がもっとも嫌うのがこれです。

「～なんて」を封じてみてはいかがでしょう。それで悟り臭さは大幅に減じられます。

76 茶人臭き話

茶人でもないのに茶の湯に精通しているような話し方はいただけません

良寛さんの時代、茶人は文化人の象徴でもあったのでしょう。そこで、茶人にかぶれた話し方をする人があとを絶たなかったのかもしれません。「お茶のお点前というのは～」「お茶室の設えは～」「茶道具というものは～」……。

そんなふうに、茶の湯に精通していることを示して、自分のステイタスを高めようと考えたのでしょう。別のいい方をすれば、自分は一角の人物である、と見られたかったわけです。

しかし、侘び茶を完成させた茶聖・千利休はこういっています。

「茶の湯とは、ただ湯をわかし、茶を点てて、飲むばかりなることと、知るべし」

これが茶の湯の奥義です。きわめてシンプルです。そのシンプルさをどこまでもきわめていく。それは自己研鑽の道であり、自分の生き方の模索でもある、と利休はいっているように思われます。茶の湯の知識をひけらかすこととはまったく相容れない姿勢がそこにあります。

何ごとにおいてもそうです。いまもいかにも自分がご通家（通人）であるかのように話す人がいます。「（絵画の）印象派というのはね〜」「バッハの音楽の本質は〜」「フレンチ（フランス料理）の命はソースにあって〜」……。

いただけません。対象が何であれ、自分が惹かれるもの、好きなことがあったら、ただそれを楽しむことに一生懸命であればいいのです。余計なことは語らないほうがずっと美しい。本物の通人は概して寡黙なものだと思うのですが、みなさん、どう考えますか。

風雅臭き話

**いくら風流、粋を気取っても
すぐにお里が知れます**

それぞれに美しい四季がめぐるなかで、花鳥風月を愛で、楽しんできた日本人は、風流、粋ということにことさら価値を見出してきたといっていいのではないでしょうか。

風流人、粋人という言葉には、人生の達人といった趣がありますし、深みのある清涼感も漂います。そうであるからでしょうか、風流なことを語ってみたい、粋に話してみたい、という願望は誰もが少なからずもっています。

しかし、〝もどき〟はいけません。いくら風流を装っても、粋を気取ったところで、核にそれがなければ、とってつけたような印象しか与えないのです。装えば装うほど、気取れば気取るほど、俗物性が露わになるといっても、けっして過言ではないでしょう。

風流も粋も、生きざまです。核に風流、粋があるというのは、そういう生き方をしているということです。生きざまは佇まい、風情にあらわれる。わたしはそう思っています。

風流な話し方、粋な物いいというものがあるわけではないのです。風流な生きざま、粋な生き方をしている人は、佇まいからそれが感じられますし、その人が語ることはどんな言葉であっても、風流味がありますし、粋をたたえているのです。

風流、粋をめざすのはいいですが、それにはそのときのあるがままの自分から始める以外にありません。無理してそう見せようとする意識がはたらいたら、たちまち臭気を帯びます。

78

さしてもなきことを論ずる

たいして重要でない事柄を熱っぽく語っても意味がありません

どんなことでも細部にまで目を行きわたらせることは大切です。ただし、フォーカスすべき部分とザッと目を通せばいい部分とは、はっきり峻別することを忘れてはいけません。

たとえば、企画書を検討するミーティングで、表現として不備な点に気がついたとします。そこで、

「この部分の表現はいかがなものでしょうか。これでは意図が伝わりにくいと思いま

す。ここはですね、こうこうこういう表現にするのがいいと考えます。いや、その表現でなければだめだ」

そんなふうに口角泡を飛ばして力説したとして、さて、何か意味があるでしょうか。表現上の不備など、最終的に少々手を入れれば、それで解決することでしょう。

フォーカスすべきは企画の内容です。些末な表現にこだわって、言挙げするのは、木を見て森を見ないふるまい。重箱の隅をつつく愚かな行為というしかありません。

さしてもなきことを論じれば、その時間を浪費することになりますし、ミーティングを脱線させることにもなります。内容の検討に集中しようとしているほかの人たちのモチベーションを下げることにもつながるのです。

ミーティングが終わってから、企画書の担当者に、「この部分はこういう表現に変えたほうがよくはないかな？」といえば、「そうだね。いい指摘をありがとう」ということになって一件落着じゃないですか。

人の器量のあるなし

人の批判をしていると、いつかわが身に戻ってきます

「口さがない」という言葉がありますが、人はとかく無責任に他人の批判をしてしまいがちです。槍玉にあがりやすいのが「器量」でしょう。

「うちの課長、管理職としての器量はないよな。適切な指示も出せやしないんだから……」

事実、その課長は仕事の能力に秀でたものがないのかもしれません。しかし、器量は能力についてだけいう言葉ではありません。「徳」も器量です。思いやりや包容力、やさしさや情け深さ……。もし、課長がそんな資質（人としての徳）を備えていたら、なかなかの器量の持ち主なのです。

軽々に器量のあるなしなど語るのは、それこそ器量に欠けるといわねばなりません。また、無責任に他人の批判をしていると、いつか自分が批判の矢面に立たされるものです。

「因果応報」。自分がしたことはめぐりめぐって、自分に返ってくるのです。

「彼はいつも、誰の器量がどうだとかといっているけれど、自分のことはわかっているのか。『あなたにだけは器量なんてことはいわれたくない』というのが周囲の声だってことを知らないのかな」

まあ、こんな塩梅です。器量にはもうひとつ意味があります。「器量よし」などのいい方がありますが、この場合の器量が意味するのは容貌です。そのよしあしを語るのはタブーと心得ましょう。

容貌はもって生まれた個性です。それについて云云することは、人がなせる行為を越えています。

くれて後人にそのことを語る

人にあげたものについていつまでも話すのは執着です

人からものをいただいたり、人にものを差し上げたり、ということは日常にままあることでしょう。

「この時計けっこう気に入っているんだけれど、今回、お世話になったから、よかったらキミにあげるよ。大切に使ってくれたらうれしいな」

好意をありがたく受けとったとして、のちのちこんな事態になったら、どうでしょうか。くだんの時計の前の持ち主が、いろいろな人にことのしだいを話している。

「あの時計、かなりのレアものでさ。思いれもあったんだけどなぁ……」

それほどのレアものなら、思い入れがあるものだったら、手元に置いておけばいいのです。「差し上げる／いただく」という行為はすでに完結しているのですから、あとからそれについて話すのは、未練がましいだけですし、物に対する執着を感じさせて、聞いている人は辟易します。

いただいた人の耳に入ったら、どんな気持ちになるかは、誰にでも想像できるところでしょう。こんな言葉があります。

「受けた恩は石に刻み、与えた恩は川に流せ」

人にしていただいたことは、ずっと忘れずにいて、何かの折に、何かのかたちで、お返しする気持ちでいなさい。自分が人にしたことは、その場でスパッと忘れてしまいなさい、ということです。

何かを差し上げたときも、それを実践していれば、執着することもありませんし、差し上げた相手とも良好な関係が保てます。

81

おれがこうした、こうした

自分がしたことを、あれも、これも、といい募るのはやめましょう

仕事でいい成果をあげた。ビジネスパーソンにとっては達成感も充実感もあり、誇らしさも感じられる瞬間ではないでしょうか。それは自信につながるでしょうし、次の仕事に対するモチベーションを高めてもくれるはずです。

同時に自分の成果を知って欲しいという思いも湧いてくる。何かの話の折に、「じつはあのヒット商品はわたしが企画したものなんです」「あのプロジェクトのリーダーをつとめたのはわたしでしてね」「いま評判のあのＣＭ、キャッチを考えたのはわたしです」……。

自分の成果を語らずにはいられなくなったりするわけです。しかし、こんな言葉があるのをご存知でしょうか。「第三者の信用状」。その意味は、自分は信用できる人間だといくら力説しても、額面通りには受けとられない一方で、第三者が、「彼は信用できる人間だよ」といえば、その人に対する信用は万全のものとなる、という意味です。

これは成果についてもいえます。先の言葉を本人ではなく、人が語ったら、評価はいやがうえにも高まるでしょう。ところが、自分が語ってしまうと、「天狗になっていやしないか」「自慢タラタラで、嫌な感じだな」……といった評価になる懸念のほうが大きいのです。

「あのヒット商品の企画は、あなたがなさったたんですってね」

「いやぁ、お蔭様でたまたま売れてくれました。ありがとうございます」

〝手柄話〟はみずから語らず、周囲からその話題が出たら、謙虚に対応する。こちらのほうが、断然、かっこいいではありませんか。

82

はなであしらう

人に冷ややかに対応するのはとても嫌味なものです

人から話しかけられたとき、冷ややかに「はぁ〜」といった素っ気ない対応をすることはありませんか。そのふるまいが意味するのは、「あなたの話など聞くに値しない。あなたの相手などしていられない」ということでしょう。

相手がどう感じるかは、自分をその立場に置いてみればわかるはずです。軽く見られている。見下されている。それ以外に受けとりようがありません。

このふるまいには、忙しかったから、急いでいたから、悪気はなかったのだが……

といった弁解は、いっさい通用しないといっていいでしょう。

思い当たるフシがあるという人は、反省の要おおいにありです。『論語』にこんな一節があります。

「己の欲せざるところは人に施すなかれ」

自分がして欲しくないことは、相手に対してしてはいけない、ということです。孔子はこれを「恕」の一字で示し、一生守ることができる徳目であるとしています。

この姿勢は人として最低限守らなければいけないことですし、人と人が結び合う原点でもあるといっていいのではないでしょうか。はなであしらう言動は、嫌味の最たるものですし、されたくない言動の最上位に位置づけられるものだと思います。

自分の優位性を誇示するものなのか、優越感を見せつけようとするものなのか、そうする理由はわかりませんが、相手に対する思いやりという美徳を、そっくり投げ捨てるものであることだけはたしかです。

83

うわの口をきく

誠意が感じられないうわの空の受け答えは相手に失礼です

相手が真剣に言葉を尽くして話しているときは、こちらも同じように真剣に向き合うのが礼儀でしょう。話す側と聞く側とに温度差があると、対話は噛み合いませんし、コミュニケーションも中途半端なものになります。

仕事の交渉などの場面では、当然、〝真剣勝負〟になるはずですが、プライベートでは、相手に対してうわの空の受け答えをしていることもありそうです。

よくあるのがこんなケースかもしれません。帰宅して食事をしたあと、家人が話し

かけてくる。それを適当に聞き流したりしていると、

「じゃあ、そういうことでいいのね」

「えっ、そういうことって、なんだっけ？」

といったことになる。うわの空で聞いているから、うわの空の答えしかできないのです。これでは家人が怒るのも無理はありません。夕食後のひとときは、一日のうちでもかぎられた、家族の対話ができる時間帯です。

それを蔑ろにされたら、家族間に心の亀裂が生じることにだってなりかねません。誠意をもって真剣に聞き、受け答えするのが、家族としてのつとめでしょう。

ただし、現在はそうした家族コミュニケーションをとるための環境が危機状態に陥っています。危うくさせているのは、いうまでもなくスマホです。ＳＮＳやゲームに夢中になっていれば、うわの空の対応しかできなくて当然です。

家族が一緒に過ごす夜の時間帯は、全員のスマホを使用禁止にする。そのくらいの〝荒療治〟が必要な気がします。

節なきことに節を立てる

凡庸な話をあまりにドラマ仕立てにすると困ったことになります

自分の話が聞いている人にどう受けとられているかは、誰もが気になるところだと思います。大ウケなら大満足でしょうし、興味深そうな様子が見てとれたらまずまず。一方、場がシラけたり、黙殺されたりしたら、これは相当堪えるのではないでしょうか。

そこで、どうしてもウケ狙いになる。ウケるための演出を施すわけです。それも話術のうちですから、ある程度までは許容範囲だと思いますが、過剰になると困ったことになります。

だいいち、日常生活でそうそうドラマチックなことに出くわす機会はないのではありませんか。ですから、平凡なことをドラマ仕立てにして話すことになるのでしょう。それが功を奏して喝采をとった。さて、問題はその後です。仲間内でこんな評が定着するかもしれません。

「彼（彼女）の話はいつも超おもしろいね。最高、最高！　われらの仲間随一の話の名手だよ」

こうなると、仲間の期待感をヒシヒシと感じるでしょうし、担ぎ上げられた〝名手〟の座から降りるわけにはいかなくなります。常にドラマの筋書きを考えることが必要になってくるのです。

手を抜こうものなら、仲間から「どうしちゃったんだよ。きょうは話のキレがないな。キミらしくもない」といった声があがります。この状況、けっこう苦しくて、困った事態です。

85 あくびとともに念仏

あくびをしながら念仏を唱えるなど
もってのほかです

念仏とは、心に仏様のお姿を思い浮かべ、仏様のお名前を唱えることです。禅宗の場合は「南無釈迦牟尼仏」ですが、宗派によってそれは変わってきます。「南無阿弥陀仏」（浄土宗、浄土真宗 etc.）、「南無妙法蓮華経」（日蓮宗 etc.）といった具合です。

いずれにしても、向き合っているのは仏様ですから、そのことだけに集中し、一心に唱えることが絶対条件です。「〜ながら」や「〜のついでに」といった姿勢はもってのほか。ましてや、あくびをしながらなどは、あってはならないことです。

人と話をしている際に念仏を唱えることはないでしょうが、この戒を広く解釈すれば、対話をしている際の姿勢を戒めるものとも受けとれます。禅は「一行三昧」といって、何をするにせよ、しているそのことだけに集中し、心を込めておこないなさい、と教えています。

対話もそうです。スマホにチラチラ目をやりながら、別のことを考えながら、話をしていることがないでしょうか。それでは心ここにあらず、気もそぞろの対話になってしまいます。

一行三昧になっていない。雑念をもって念仏を唱えても、仏様に届くことがないのと同じように、そうした対話では自分の言葉が相手に届きませんし、相手の言葉をしっかり受けとめることもできません。

そのときしているのは、ほかのなんでもない「対話」なのです。それに集中しましょう。すると、対話の密度が格段に高まります。

良寛さんの戒語 86

人に物くれぬ先に何々やろうという

人に何かをあげる前に期待させるのは心を弄ぶことです

人に何かをプレゼントする。相手に対する気遣い、思いやり、やさしさの表現でもありますし、好意や感謝をあらわすものでもあるでしょう。いずれにしても、そうした気持ちを伝えるうえで、いちばん心得ておきたいのは〝さり気なさ〟です。

次の二つのやりとりを比較してみてください。

「このスカーフ、デザインが気に入ったのなら、今度色違いをプレゼントするね。いつもお世話になっているから……」

「そんなぁ。気を使わないで……」

一週間ほど日にちが経って、

「スカーフ、もう少し、待ってね」

これでは明らかに相手に気をもたせることになります。「いつもらえるの?」と催促することはできませんし、いい方は少し穏当を欠きますが、相手の心を弄んでいるにも等しい、といってもいい対応です。一方、

「これ、よかったらどうぞ。いつお世話になっているから……」

と用意したスカーフをさり気なくわたしたら、

「えっ、いただけるの? わぁ、うれしい。ありがとう!」

と相手はその場で喜びを爆発させるはずです。サプライズにまさる感動なし。自分をいただくほうの立場に置いてみたら、これが至言であることはすぐにもわかるのではないでしょうか。

プレゼントに〝予告〟は不要、予告するのは無粋というものです。

87

人のことわりをよく聞き取らずして おのがことわりをいい通す

人が話す道理には耳を貸さず、自分の道理だけを通そうとしても、うまくいくはずがありません

人にはそれぞれ自分なりの「道理」というものがあります。いい方を換えれば、「かくありたい」「かくあらねばならない」「かくあるべきだ」……といった生き方の指標があるわけです。

道理はそれまで生きてきた経験、見聞したさまざまなこと、などから培われます。具体的にいえば、人に裏切られてとてもつらかった、という経験を通して、「人を裏切るようなことをしてはいけない。そんな人間は絶対に許せない」という道理が自分のなかに確立されるわけです。

それはいいのですが、一方には同じ裏切られたという経験から、別の道理に行き着く人もいるのです。たとえば、

「裏切るよりは裏切られるほうがいいし、裏切った人を怨むより、許すことのほうが大切だ」

というものがそれです。こちらも道理としては通っています。しかし、両者の道理は真っ向から対立しています。かりに両者が話をして、ともに相手の道理を一分たりとも認めず、自分の道理にこだわってそれをいい通したら、歩み寄りの余地はまったくありません。

しかし、どんなに筋が通った道理であっても、完全無欠ということはないのです。この例でも、前者が、「そうか、裏切るよりは裏切られるほうがいい、ということはあるかもしれないな」と後者のいうことに一理を認めたら、歩み寄ることもできますし、前者の道理もより懐深いものにならないでしょうか。

そう、人の道理に耳を貸すことで、自分の道理は幅も厚みも増すのです。

88

説法者の弁を覚えてあるいはそういたしましたところで嘆き悲しむ

説法をする人の話を覚えてそれを語り、同じところで嘆き悲しんだりするのは、わざとらしいものです

講演会などに出かけて講師の話にいたく感銘を受けるということがあります。そこでこう思う。「いい話だったなぁ。これは誰かに話して聞かせてあげなければ……」。自分が受けた感銘、感動を広く伝えようとすることには、なんの文句もありません。しかし、自分のなかで話の要旨を咀嚼してから話す、という作業は必要なのではないでしょうか。

口伝よろしく、講演内容をまるごと覚えて、そっくり披露してみせるというのは、少しわざとらしい気がするのです。講師が嘆き悲しんだり、感極まったりした場面まで再現するのは、明らかにやり過ぎでしょう。

話の〝コピペ（コピー＆ペースト）〟では、ボイスレコーダーとなんら変わるところがありません。

口伝といえば、古典落語などは師匠の前にすわって、師匠の語る噺を覚えるのが修行の基本ですが、高座で披露するときには、それに自分なりの解釈や工夫が加わっていたはずです。

噺家さん一人ひとりの個性や芸風、味といったものは、そうすることでしか生まれないのだと思います。

良寛さんがどのような話し方をしていたのかは、もはや知るすべもありませんが、そこには独特の味わい、余人をもっては代えがたい良寛節があったであろうことは想像に難くありません。

自分の味は話の命です。

幸いの重なりたるとき、物多くもらうとき、ありがたきことという

よいことに感謝いうのは当たり前。逆境に感謝できてこそ本物です

幸せな気持ちになれることがつづいたり、いろいろな物をいただいたりしたときは、自然に「ありがとうございます」の言葉が出てくることでしょう。もちろん、それは大切なことです。

しかし、良寛さんはそれをあえて「戒」としています。なぜでしょうか。ほかにもっと大事なことがあるからだ、とわたしは思っています。人生には逆の状況もあります。

自分の意に染まないことや思いとは違うことに直面したときがそれです。会社で面倒で目立たない裏方的な仕事を命じられた。そんなときは、

「なんで自分がこんなつまらない仕事を押しつけられなきゃならないんだ」

と感じるかもしれません。少なくとも、感謝の言葉は出てこないでしょう。しかし、禅は「ご縁」ということを重要だと考えます。その仕事もご縁があって自分にまわってきたのです。そこから一歩進めれば、こうは考えられないでしょうか。

「ご縁をいただいたのだから、この仕事を精いっぱいやって、そこに自分らしさを出していこう。それはきっと、自分を高める糧になってくれるに違いない」

これなら、「ありがとう」がいえませんか。実際、多くのことを学ばせてくれて、自分を成長させてくれるのは、成功より失敗、順境より逆境ではないでしょうか。

そこで腐ったり、投げやりになったりしたら、成長はありません。いただいた試練と受けとめ、感謝の気持ちをもって取り組む。「それこそほんとうに大事なことだよ」。良寛さんはそうおっしゃっているように思います。

90

ああいたしました、こういたしました、ましたましたのあまり重なる

自分がしたことは
あまり吹聴しないほうが美しいのです

仕事のスタッフやプライベートな仲間のために、精いっぱい自分ができることをする。仏教の「利他行」、すなわち、他人を優先して（他人のことを思って）おこなう行為にもあたる、素敵な行動です。

たとえば、ミーティングの前に、ミーティングルームのテーブルをきれいに拭いて、椅子を整えておくというのもそうでしょう。部屋に入ってきた上司からは、こんな言葉が出るかもしれません。

「おっ、誰かきれいに片づけてくれたんだね。これなら気持ちよくミーティングができるな」

ここで、「わたしがいたしました」といったら、上司は、「キミだったのか。お疲れさま。ありがとう」と労い、感謝もするはずです。しかし、素敵な行動の価値は、あるいは、美しさは、少し色褪せないでしょうか。

よきおこない、善行は「人知れず」することによって、価値はより輝き、美しさも増すのです。もちろん、「誰がしてくれたんだ？」と聞かれたときは、自分であることを告げるのもいいと思いますが、そうでなければ、黙っているのが好ましい気がします。

仲間内で旅行に行くという計画でも持ち上がったら、電車や宿、食事処の手配などを進んでしてあげたらいかがでしょう。そして、「手配はみんなわたしがしたのよ」とはあえていわない。

仲間内から、「手配をしてくれて助かったよ」といった言葉があったときは、「頼りになるでしょう」くらいの対応が、やはり、素敵です。

枡野　俊明（ますの・しゅんみょう）

曹洞宗徳雄山建功寺住職、多摩美術大学環境デザイン学科教授、庭園デザイナー。大学卒業後、大本山總持寺で修行。禅の思想と日本の伝統文化に根ざした「禅の庭」の創作活動を行い、国内外から高い評価を得る。芸術選奨文部大臣新人賞を庭園デザイナーとして初受賞。ドイツ連邦共和国功労勲章功労十字小綬章を受章。また、２００６年「ニューズウィーク」誌日本版にて「世界が尊敬する日本人１００人」にも選出される。庭園デザイナーとしての主な作品に、カナダ大使館、セルリアンタワー東急ホテル庭園、ベルリン日本庭園など。著書『禅、シンプル生活のすすめ』、『心配事の9割は起こらない』など多数。

一日一戒（いちにちいっかい）　良寛（りょうかん）さん

清々しい人になる90の教え

二〇一九年（令和元年）七月八日　初版第一刷発行
二〇一九年（令和元年）十一月二十日　初版第五刷発行

著　者　枡野俊明
発行者　伊藤　滋
発行所　株式会社自由国民社
東京都豊島区高田三―一〇―一一　〒一七一―〇〇三三
電話〇三―六二三三―〇七八一（代表）

造　本　ＪＫ
印刷所　大日本印刷株式会社
製本所　新風製本株式会社

編集協力：
コアワークス
（吉村貴／水沼昌子）
岩下賢作